A remettre   HBabid /2

CHOISIR LA CONSCIENCE

pour un réel pouvoir personnel

Guide
vers
l'éveil
intuitif

Sanaya Roman

médium pour Orin

Traduit par Anne-Marie de Vinci

RONAN DENNIEL
éditeur

BP 10   77780   Bourron-Marlotte

A vous tous qui découvrez
l'unité du Tout et
l'universalité du Un

Peinture de couverture:
François Joly
7 rue St Pierre   Evreux (27)

Relecture: Danielle Duverger
ISBN : 0-915811-04-9
HJ Kramer, Inc Publishers
PO Box 1082 Tiburon CA. 94920 USA

© édition française
Ronan Denniel éditeur
ISBN : 2-907097-06-7
Dépot légal : 2e trimestre 1990
Deuxième édition : 1er trimestre 1991

Remerciements

Je veux exprimer ici ma gratitude envers Duane Packer, PhD, pour son aide et son soutien autant durant la réalisation de ces livres que durant notre joyeux travail commun de channeling et d'enseignement.

Je remercie de tout coeur LaUna Huffines pour le soutien qu'elle m'apporte et qu'elle apporte à Orin ainsi que pour son livre, "Connecting", qui m'a aidé à exprimer plus d'amour. Je veux tout spécialement remercier Ed et Amerinda Alpern pour leurs multiples contributions dans ma vie et dans le travail d'Orin. Je désire aussi remercier Linda Johnston, Wendy Grace, Scotta Catamas, Cheryl Williams, Jeff Abbott, Nancy et Sara McJunkin, Sandy Hobson, Lisa Benson, Rob et Stacey Friedman, Evelyn Taylor, Debra Ross, Shirley Runco, Karen La Puma et Linda Lutzkendorf. Je veux vous remercier, vous qui avez entretenu cette vision de la publication des livres d'Orin et de l'enseignement ainsi reçu: Jan Shelley, Eva Roza, Mary Beth Braun, Leah Warren, Mari Ane Anderson, Mary Pat Mahan, Rosemary Crane, Sylvia Larson, Colleen Hicks, Trudie London, Carol Hawkinson, Roberta Heath, Jill O'Hara, Patrice Noli et Dona Crowder. Je veux aussi remercier tous ceux d'entre vous qui ont soutenu Orin par leur présence, leur amour et leur aide, et toute la communauté du "channeling" pour votre sagesse et votre volonté d'évoluer.

Je veux remercier mon éditeur, Elaine Ratner, pour son excellente édition, Abigail Johnston pour son aide à la mise en page et Lois Landau pour la conscience qu'elle a mise à transcrire ce texte. Je veux remercier Hal Kramer pour son aide et pour avoir fait de ces livres une réalité. Je veux aussi remercier Rob pour ses encouragements et son amour; mes parents, Court et Shirley Smith, pour leur guidance; Otto et Ruth Brown ainsi que Dorothy Lundy pour leur amour constant; mes frères et mes soeurs, David, Debra, Patricia et Robert.

Je veux remercier Seth, Jane Roberts et Robert Butts, pour la contribution que leurs livres ont apporté à ma vie; Dick Sutphen pour ses livres et ses cassettes; et tous les autres qui aident leurs semblables à éveiller toutes leurs potentialités, tels que Shirley MacLaine, Carlos Castanedas, Richard Bach, Edgar Cayce et Betty Bethards.

Mon amour et mon appréciation la plus profonde vont aux Maîtres et aux êtres de Lumière dont la présence nous permet d'aller vers la clarté.

Table des Matières

1

BIENVENUE D'ORIN

Je vous invite à explorer en ma compagnie un univers que vous
connaissez déjà si bien. Nous allons le regarder d'une perspective un peu différente, d'une manière qui ajoutera une dimension nouvelle, une richesse insoupçonnée. Il s'agit du monde de
l'énergie qui existe autour de vous. Ce livre vous aidera à
percevoir avec plus de clarté le monde de l'énergie dans lequel
vous vivez et à mieux comprendre ce qui vous influence dans les
systèmes de croyances, les formes-pensées collectives et les
énergies télépathiques provenant des autres. Ce cours va vous
permettre de prendre conscience de votre inconscience en vous
plongeant dans tous les mystères des énergies invisibles qui
résident en vous et autour de vous. Il y a bien plus que ce que
vous percevez avec vos cinq sens et cela peut vous affecter. Si
vous comprenez ces énergies invisibles, elles peuvent alors devenir les aides qui vous permettront de vous rendre là où vous
le désirez.
Observer l'énergie avec attention revient à regarder un objet
familier au microscope. Bien qu'il s'agisse toujours du même
objet, vu d'aussi près, il paraît différent. Ce cours va agir
comme un microscope qui vous aidera à percevoir avec plus de
détails les énergies invisibles qui vous environnent, tout en
prenant le temps de faire le point, afin d'obtenir différentes
perspectives. Il s'agit toujours de ce monde que vous connaissez
déjà, mais vous le pénétrerez avec une compréhension et une
perception nouvelles, afin qu'il vous révèle ses secrets.

Vous pouvez apprendre
à reconnaître les énergies
que vous captez de façon subconsciente

Le microscope, dans le cas présent, c'est votre conscience, votre capacité innée à centrer votre attention sur ce que vous choisissez. Non seulement vous percevez le monde à l'aide de vos cinq sens, mais aussi vous recevez aussi des informations à un niveau intuitif non-verbal. Vos pensées ouvrent les portes à ce ressenti énergétique et votre regard intérieur est l'outil nécessaire pour travailler à cela. Vous pouvez apprendre à soigner les énergies négatives, à accroître votre capacité de visualisation, à communiquer télépathiquement, à connaître ce que les autres pensent de vous et à recevoir leurs messages non-verbaux. Vous travaillerez alors avec votre monde intérieur. Une partie de cette perception de l'énergie consiste à écouter les messages qui vous entourent. Il n'est d'aucune utilité de vous laisser affecter par les mauvaises impressions des autres personnes. Vous avez la capacité de transformer le négatif que vous percevez afin d'aider les autres à évoluer, d'accroître l'énergie positive qui vous entoure et de changer la nature de vos relations personnelles.

Vous êtes semblable à un poste de radio,
capable de capter de nombreuses stations.
Ce que vous recevez dépend de ce vers quoi
vous portez votre attention

De nombreuses énergies vous affectent tout au long de la journée. De même, vous êtes semblable à une station radioémettrice possédant son propre studio, une fréquence et un mental-récepteur. Votre manière de percevoir, de juger et de réagir à vos pensées, vous installe dans votre réalité et devient la base sur laquelle cette réalité se crée. En vous familiarisant avec cette réalité, vous devenez alors capable de la quitter, parce qu'il existe de nombreuses réalités dans lesquelles vous apprenez à évoluer en devenant plus familier avec votre station émettrice. Vous disposez d'une plus grande réalité que vous ne l'imaginez. Vous pouvez ouvrir votre réalité présente pour vivre toutes les richesses de votre réelle identité.

C'est parce que vous êtes comme une station radio-émettrice que vous pouvez apprendre à émettre et à recevoir les informations désirées. Vous êtes doué de télépathie; vous recevez et émettez sans cesse des messages. Dans ce livre, vous apprendrez la façon de contrôler ces messages, en recevant tout ce que vous désirez entendre et en délaissant ce qui ne vous intéresse pas. Vous apprendrez la manière de vous harmoniser avec les énergies des autres, pour les aider et les soigner, enrichi d'une plus grande compréhension. Si vous désirez connaître plus de succès, de paix et d'amour réciproque, plus de finesse dans vos énergies, vous pouvez y accéder. Vous pouvez apprendre à identifier les pensées et les sentiments émis par des êtres avec lesquels vous ne désirez pas particulièrement vous accorder, préférant mettre un écran à leurs émissions et vous connecter à des sphères plus élevées de l'univers. Vous apprendrez à éveiller votre intuition, cette capacité à sentir et comprendre les événements à un niveau plus profond, et à vous ouvrir pour recevoir les guidances et les réponses à vos questions.

Les informations et les concepts sont présentés dans ce livre de manière telle que la partie la plus intime de votre être s'ouvrira, stimulant cette mémoire et toutes les connaissances qui résident déjà en vous. Vous pourrez sentir mon énergie derrière les mots et cela vous aidera à découvrir tout le savoir enfoui en vous, éveillant les parties de vous-même qui ont été endormies. Vous rencontrez souvent ces parties dans vos rêves. Vous pouvez les faire revenir à votre conscience naturelle, éveillée.

L'homme, en tant qu'espèce, s'éveille à maintes nouvelles capacités. Ces capacités font partie de l'évolution humaine. L'aura humaine - l'énergie qui entoure le corps - se transforme. Avec cette transformation naît la capacité de sentir ce qui ne peut pas être vu: l'énergie invisible. Cette énergie est dorénavant reconnue, interprétée et dirigée; ce qui était auparavant invisible et inaccessible devient maintenant visible et connu. Vous évoluez rapidement et cette évolution humaine s'apprête à faire un grand bond en avant. Si vous considérez l'homme de Cro-Magnon ou de Néanderthal, vous constatez combien le corps a changé; votre capacité à sentir l'énergie a, elle aussi, évolué, et de façon radicale. Les cinq sens, aussi, ont changé. Par exemple, les hommes préhistoriques n'avaient pas la capacité de distinguer toutes les couleurs que vous pouvez voir.

Vos centres énergétiques s'ouvrent, votre capacité à être conscient et sensible aux énergies autrefois invisibles s'accroît

Vous pouvez apprendre à utiliser ces sens nouvellement éveillés. Ils sont déjà éveillés et présents en vous, sinon vous n'auriez pas été attirés par des informations de cette nature. J'agis comme un guide, comme quelqu'un ayant déjà parcouru les royaumes que vous commencez à explorer. La télépathie, la prescience, la capacité à assimiler de nouvelles inventions scientifiques, la découverte d'informations encore inconnues et un contact plus intime avec la conscience universelle vont devenir courants au cours de cette évolution. L'éveil de l'être humain est un voyage vers la prise de conscience de ces royaumes d'énergies plus subtiles. Il est possible maintenant, et pour un grand nombre de personnes, d'apprendre ce qui était auparavant réservé à une minorité. Cet éveil de la conscience, qui nécessitait des années de méditation et d'entraînement à des techniques spécifiques, est accessible à un grand nombre sans devoir passer par ces années de préparation. Cette voie d'évolution est un éveil de la conscience et je vous aiderai en cours de route à découvrir, comprendre et nourrir cette conscience déjà présente en vous. Si vous êtes attirés par ces informations, alors vous êtes certainement en train de développer et d'expérimenter ces capacités latentes. Vous pouvez les utiliser pour agir, en contact avec votre soi le plus élevé, avec plus d'efficacité dans votre univers quotidien, pour créer des changements immédiats dans votre vie.

Beaucoup d'entre vous ont grandi comme des enfants très conscients et sensibles

Beaucoup d'entre vous ont grandi dans un environnement qui paraissait souvent inexplicable, dans des situations qui ne semblaient pas coïncider avec ce que vous étiez. Certains d'entre vous se sentaient différents de ceux qui les entouraient, ils semblaient avoir une dimension supplémentaire d'éveil que les autres n'avaient pas. Beaucoup d'entre vous se sentaient particulièrement sensibles sur le plan émotionnel, et il semblait que ce qui n'affectait pas les autres vous touchait profondément. Souvent, vous ne saviez pas qui vous étiez et qui étaient les autres. Parce que vous étiez télépathes et particulièrement émotifs, vous pouviez prendre pour vôtres les sensations, les sentiments et les pensées des autres.

Vous êtes, pour la plupart, des êtres doux, pleins d'amour, sensibles, désireux de développer votre puissance personnelle, afin d'honorer les autres autant que vous-même. Beaucoup d'entre vous ont eu une enfance douloureuse, ne sachant ce qu'il fallait faire face à la rigidité et la négativité environnantes. Souvent, vous n'étiez pas reconnu pour ce que vous étiez - un être de lumière et d'amour désirant propager cette joyeuse abondance d'esprit. Vous qui acceptez ce nouveau "sixième sens", vous êtes sur le chemin rapide de l'évolution et vous ressentez le besoin de découvrir votre unicité et vos talents.

En vous ouvrant,
il est important de développer la sagesse,
d'abandonner la douleur
et de vous élever au-dessus de la négativité

En commençant à sentir et à interpréter les énergies de l'univers plus subtiles et invisibles, vous allez développer la capacité à connaître les énergies que vous devez garder et celles que vous devez abandonner. Je vous montrerai comment ne pas vous laisser affecter par la peine et la négativité des autres personnes, comment vous élever et élever les autres au-dessus de tout cela, et comment atteindre et rester en contact avec votre soi le plus élevé. En développant votre sensibilité, vous devenez de plus en plus conscient de votre être le plus élevé ainsi que des guidances qui vous sont adressées depuis les espaces les plus élevés de l'univers.

Vous pouvez vous ouvrir à votre plus grande conscience, voyager dans des dimensions et des espaces que vous n'avez encore jamais visité, vous percevoir sur un plan plus large et ouvert. Vous pouvez apprendre à voir et comprendre qui vous êtes vraiment et commencer à trouver des réponses à des questions telles que: «Pourquoi suis-je ici ?» ou bien, «Quel est le sens de la vie ?» En explorant et en vous éveillant à ces énergies plus subtiles, de nombreuses portes s'ouvriront, laissant apparaître mille nouveaux mondes à découvrir.

Je vous invite à découvrir votre être le plus grand, à utiliser votre sensibilité pour connaître la magnificence de ce que vous êtes. Venez avec moi. Explorez votre guidance intérieure et votre être le plus élevé alors que nous voyagerons ensemble par delà les royaumes les plus élevés de l'univers.

Dans l'amour et la lumière,

Orin

2

SENTIR L'ENERGIE

Pour lire ce qui suit, installez-vous confortablement. Utilisez tous vos sens. Sentez votre respiration, dans votre poitrine, votre visage, votre bouche, votre gorge. Vous disposez de maintes possibilités pour sentir l'énergie; il suffit d'y prêter attention. Pendant quelques instants, écoutez tous les bruits de la pièce dans laquelle vous vous trouvez, ainsi que ceux provenant de l'extérieur. Soyez conscient de votre odorat, de votre toucher, des sensations provoquées par vos vêtements, et de l'endroit où vous êtes. Portez attention au goût présent dans votre bouche. Fermez les yeux et pensez à tout ce que vous avez vu aujourd'hui, comme si cela s'était déroulé dans un film où vous jouiez. Quelles sont les images de votre film d'aujourd'hui ?

Parallèlement à ces sens qui vous sont familiers, il existe une autre faculté que vous utilisez à chaque instant, que vous en soyez conscient ou non: c'est la capacité de sentir l'énergie. Selon l'énergie que vous ressentez, vous ajustez vos décisions. En fermant les yeux et en pensant aux différents événements de la journée, vous utilisez le processus de la visualisation. Vous laissez un film se dérouler dans votre mental, revivant et revoyant ce qui s'est passé. De la même manière, vous pouvez fermer les yeux et penser à une rose, imaginer que vous respirez son parfum délicat, tout en voyant sa couleur et ses formes. Vous pouvez aussi imaginer que vous allongez la langue pour goûter cette fleur. Tout cela se produit dans votre mental. Votre capacité à sentir l'énergie provient de ce même espace.

Chacun d'entre vous possède la faculté de visualiser; vous pouvez penser à une rose, soit en la voyant, soit en la ressentant. C'est ce processus que vous utilisez pour devenir conscient de l'énergie qui vous entoure. Vous pouvez apprendre à sentir l'énergie émotionnelle qui se dégage d'un groupe de gens, tout en sentant particulièrement l'anxiété, l'ennui ou la joie émise par telle ou telle personne. Vous pouvez apprendre à changer l'effet de cette énergie en fermant les yeux, en vous centrant sur l'énergie qui vous perturbe et en modifiant l'impact que celle-ci a sur votre mental. Tout comme vous pouvez fermer les yeux et imaginer une rose, vous pouvez utiliser ce processus de visualisation pour soigner les autres et travailler sur l'énergie que vous n'aimez pas ou que vous souhaiteriez voir évoluer.

Le processus de la visualisation peut transformer une énergie négative en énergie positive

Il s'agit donc de devenir conscient de votre être intérieur. Vous avez ce que je nomme le regard intérieur. Vous utiliserez ce regard pour sentir l'énergie. Cette vision intérieure peut être utilisée de multiples manières. Certains d'entre vous peuvent avoir une image de la rose alors que d'autres peuvent en avoir la sensation. Chacun détient son propre mode de visualisation de l'énergie. L'un n'est pas meilleur que l'autre.

Pour pouvoir sentir l'énergie, vous devez pouvoir prendre conscience de votre soi et clarifier vos structures mentales et émotionnelles. Si vous regardez un film sur un écran usagé, l'image sera plutôt brouillée. Pour lire l'énergie, commencez par nettoyer votre écran intérieur. Pendant quelques instants, fermez les yeux et imaginez un écran bien blanc dans votre mental. Voici un bon exercice à pratiquer avant de sentir l'énergie : prenez une profonde inspiration et imaginez l'énergie remontant de la plante de vos pieds jusqu'au sommet de votre tête, avant de se dissiper dans l'univers. Ensuite, imaginez une lumière brillante venant de l'univers et entrant en vous par le sommet de votre tête pour sortir par vos pieds. Imaginez la chaleur qui se diffuse dans tout votre corps. Laissez-vous prendre par cette sensation de légèreté et de clarté. Ceci est un exercice de relaxation; ainsi, lorsque vous serez bien détendu, vous pourrez voir l'énergie clairement. Toute forme de tension opacifie et bloque les réceptions télépathiques. Les émotions négatives bloquent toutes les images. En fait, si vous ressentez une énergie négative lorsque vous commencez à sentir l'énergie, vous attirerez à vous les énergies négatives. Clarifiez-vous en créant en vous un état de détente et de paix. La visualisation d'un écran blanc peut amener cet état, et de profondes respirations clarifieront vos émotions. C'est par la pratique que vous créerez cette détente. Ensuite, cela se fera presque instantanément. Lorsque vous entrez dans un lieu - un bus, un restaurant, un magasin - où vous sentez une énergie qui ne vous plaît pas, ne permettez pas à cette énergie d'activer la partie de vous-même qui n'aime pas cela. Cela aurait pour résultat d'en amplifier l'effet.

Vous devenez tendu, pour la plupart d'entre vous, lorsque vous rencontrez des énergies négatives. Ceci a pour effet d'attirer davantage cette énergie négative. Pour éviter d'être affecté par l'énergie négative, détendez-vous. Tout processus de relaxation peut être alors utilisé. Ensuite, visualisez ou imaginez une sensation de paix. En visualisant ce que vous désirez ressentir, vous n'accumulerez aucune énergie négative.

Supposons que vous entrez dans une pièce en pensant à une personne envers qui vous avez de la colère, ou bien que vous êtes perdu dans toute autre sorte de pensées. Vous n'êtes pas alors, dans le moment présent, conscient de votre environnement. Les émotions qui accompagnent vos pensées vont magnétiser des émotions similaires chez les personnes présentes autour de vous. Si vous entrez dans un restaurant et que vous ne vous sentez pas à l'aise à cause de quelque chose que vous venez de faire, très rapidement vous vous sentirez moins bien encore. C'est comme si vous étiez un poste de radio et que vous alliez vous brancher sur toutes les personnes présentes vivant ce même état émotionnel. Vous allez véritablement attirer cela en vous.

De la même façon, vous pouvez, si vous le désirez, utiliser l'énergie d'un groupe, pour élever le niveau de pensée ou d'émotion. Essayez d'évoluer ainsi avec des pensées merveilleuses; vous allez rapidement vous connecter aux merveilleuses pensées des personnes qui vous entourent, ce qui amplifiera votre inclinaison à vous sentir bien. Vous allez, par la même occasion, amplifier les bonnes pensées des autres personnes.

Chaque maison contient les énergies et les pensées de ses occupants

Que ressentent les personnes qui viennent chez vous ? La plupart de vos hôtes ajoutent de l'énergie positive parce qu'ils se centrent principalement sur ce qu'ils aiment ou admirent. Si des personnes ayant une tendance à la critique et à la désapprobation viennent chez vous en ayant en tête des pensées telles que : «Comme ceci est laid, comme cela est désagréable...», ces êtres déversent de l'énergie négative chez vous. Restez attentif à la nature des personnes que vous invitez chez vous.

Votre environnement est chargé de vos pensées et de votre énergie. Chaque fois que, chez vous, vous pensez : "Ceci est trop petit, je ne l'aime pas", vous cultivez cette énergie dans votre maison; et cela sera encore présent par la suite pour vous tirer vers le bas. Chaque fois que vous pensez : "je vis dans un endroit merveilleux, j'ai de la chance d'habiter la", vous faites de votre maison une amie et une alliée. Ainsi, lorsque vous ne vous sentirez pas en forme, vous trouverez chez vous soulagement et repos. Haïr quelque chose vous attache à cette chose, et si vous désirez trouver un meilleur endroit, commencez par aimer l'endroit où vous vivez.

Regardez votre façon de répondre à tous ces petits riens de la vie quotidienne. Chaque fois que vous vous énervez parce qu'une ampoule a grillé ou que vous vous inquiétez du bruit étrange que fait votre voiture, vous créez une tension qui devient un champ magnétique attirant les problèmes suivants. L'énervement ou l'inquiétude attirent les problèmes. Si, dès que vous entendez un bruit inhabituel dans votre voiture, vous commencez par vous détendre, par mettre un sourire dans votre mental et sur votre visage, vous empêchez l'énergie négative de s'amplifier. Je ne dis pas que vous devez ignorer tout problème, mais vous devez arrêter ainsi d'en créer d'autres. Apprenez à vous centrer sur le moment présent et soyez conscient de votre environnement.

Vous recevez sans cesse des messages de l'univers vous indiquant le chemin

Non seulement vous êtes entouré d'énergie qui peut vous affecter de manière positive ou négative, mais aussi, vous recevez sans cesse des indications. Vous pouvez apprendre à lire et interpréter les messages pour vous aider à prendre vos décisions. Sentir l'énergie consiste, en partie, à apprendre à capter les messages qui vous entourent. Il y a les messages télépathiques avec les personnes que vous aimez : votre conjoint, vos collègues ou vos amis. Vous pouvez être conscient de leur énergie de multiples manières.

Vos pensées sont les portes qui vous permettent de sentir l'énergie et votre vision intérieure vous donne les outils pour la transformer et l'utiliser. Je vais vous apprendre la façon de soigner l'énergie négative, de développer votre capacité à visualiser et à entretenir des communications télépathiques avec les autres, pour savoir ce qu'ils vous disent et ainsi utiliser leurs messages. Nous travaillerons avec le monde des images intérieures.

Chaque personne possède une manière spécifique de sentir l'énergie. Certaines personnes voient les couleurs de l'aura; d'autres ressentent des sentiments ou des sensations. Certaines personnes ne sont pas conscientes, au moment présent, de ce qui se passe, mais l'actualisent un temps plus tard. Pour sentir l'énergie convenablement, apprenez à calmer votre soi, allez au-delà de vos pensées, de vos sentiments et de vos émotions, et devenez comme un écran blanc sur lequel vous pouvez voir certaines impressions. Apprenez à connaître qui vous êtes. Tout comme vous pouvez prêter attention aux bruits d'une pièce et à rien d'autre, vous pouvez aussi prêter attention aux énergies télépathiques et invisibles qui sont présentes dans cette même pièce.

En tout premier lieu, vous devez trouver le fonctionnement de cette vision intérieure. Lorsque vous tenez un objet, avez-vous un sentiment, une couleur, un mot, une image ? Chaque personne a son propre mode; apprenez à connaître le vôtre. Certaines personnes sont conscientes de l'énergie parce qu'elles deviennent émotionnellement sensibles; d'autres parce qu'elles ont des images mentales. Durant cette semaine, découvrez votre façon particulière de sentir l'énergie et apprenez à en faire quelque chose. Vous pouvez réagir à l'énergie que vous sentez sans en être véritablement conscient. J'espère vous aider à devenir plus conscient de cela.

Vous avez tous la possibilité de soigner l'énergie négative dès que vous la sentez, pour aider les autres à évoluer, afin d'accroître l'énergie positive présente chez vous et ainsi, transformer vos relations personnelles. Vous n'avez pas besoin d'être affecté par la mauvaise humeur des autres, qu'ils soient artisans ou vendeurs, ouvriers ou contremaîtres, serveurs ou conseillers. Que vous soyez serveur, vendeur, contremaître ou conseiller, vous pouvez toujours apprendre à ne pas être affecté par les comportements et les humeurs des personnes avec lesquelles vous devez être en relation. Les autres personnes peuvent vous démonter complètement et rendre votre vie invivable - ou vous donner une opportunité de les aider. Cette semaine, quelque soit l'endroit où vous vous trouvez, si vous ne vous sentez pas bien, arrêtez. Devenez comme un écran blanc et détendez-vous. Pensez à la manière dont vous voulez vous sentir à ce moment, et commencez à vous visualiser ainsi.

1 - Asseyez-vous tranquillement, clarifiez votre mental et imaginez un écran blanc. Pensez à une rose. Comment la voyez-vous? Pouvez-vous imaginer que vous la touchez, la sentez ou la goûtez ?

2 - Pensez à votre maison. Quel genre de pensées avez-vous à son propos ? Dites-lui en pensée combien vous l'aimez.

3 - Relaxez-vous. Prenez une profonde inspiration et visualisez de la chaleur et de la lumière dans tout votre corps. Mentale-ment, parcourez votre corps dans son ensemble et observez toute zone particulièrement tendue. Laissez la détente s'ins-taller dans ces zones. Faites cette relaxation encore au moins deux fois aujourd'hui. Voyez si vous pouvez devenir plus conscient de votre corps quand vous êtes contracté; ensuite, consciemment, créez la relaxation.

3

COMPRENDRE ET DIRIGER L'ENERGIE INVISIBLE

L'énergie existe tout autour de vous. Elle est présente dans les pensées et les sentiments des personnes qui vous entourent. L'énergie vient de la Terre elle-même; la terre, les arbres, les animaux génèrent de l'énergie. Tout lieu sur Terre a sa propre énergie, ainsi que chaque environnement ou chaque communauté. Les lieux élevés n'ont pas la même énergie que les plaines; les grandes métropoles n'ont pas la même énergie que les petites villes. Tout est vivant dans votre univers et tout émet de l'énergie; vous pouvez apprendre à la sentir.

Vous êtes un merveilleux instrument pour détecter ces différentes énergies. Vous pouvez sentir l'énergie de multiples façons: par le toucher, la vue, l'ouie, l'odorat, les sentiments, les pensées et les sensations physiques. Vous pouvez sentir cet univers de manière à recevoir de plus en plus d'informations utiles afin de vous accorder avec l'énergie des autres personnes, sur les plans physique, émotionnel ou mental; ceci vient par la pratique. Vous pouvez apprendre à vous mettre en harmonie avec tout être, qu'il soit physiquement présent ou non. Vous pouvez recevoir les images mentales d'autres personnes, leurs croyances intérieures, et même leurs appels. Comprenez aussi que vous ne pouvez violer l'intimité des autres personnes dans des domaines que leur âme ne désire pas dévoiler, parce qu'elle est capable de voiler ce qui ne doit pas être révélé.

Si vous le désirez, vous pouvez devenir conscient des pensées et des émotions des autres personnes, ainsi que d'événements futurs les concernant, et ceci, à un degré que vous n'auriez jamais cru possible. Vous devez disposer de certaines facultés et compétences pour sentir ce qui se passe autour de vous de manière à interpréter et utiliser les informations perçues; cela peut être appris facilement si vous êtes prêt à pratiquer avec attention.

Plus vous êtes conscient de l'énergie des autres personnes, plus vous êtes conscient de vos propres messages

Plus vous sentez l'énergie, plus vous êtes à l'écoute de vos messages intérieurs et de votre plus haute sagesse. L'étape suivante consiste à devenir conscient de ce que les autres personnes vous envoient et du futur que vous êtes en train de construire au moment présent, tout en apprenant à voir comment votre énergie est reçue.

Vous envoyez sans cesse des pensées et des images vers autrui. Il est important de devenir véritablement conscient des images que vous adressez, si vous voulez créer consciemment la réalité que vous vivez. Par votre imagination, vous pouvez vous adresser des images de santé de même que vous pouvez envoyer ces images aux autres.

La première qualité à développer pour sentir l'énergie est votre attention. Apprenez à observer les autres en gardant le silence. Vous savez ce qu'il faut faire: juste s'asseoir et regarder. Commencez par observer des domaines sur lesquels vous désirez plus d'information. En pensant avec intensité à quelque chose, vous commencerez à recevoir des messages, des idées et de nouvelles pensées à ce propos.

Après avoir cultivé cette qualité d'attention silencieuse, vous devez ensuite prendre confiance et croire dans les informations reçues. Lorsque vous commencez à vous connecter à votre futur, ou aux pensées des autres personnes, il se peut que vous doutiez de ce que vous recevez et que vous vous demandiez si ce n'est pas uniquement le produit de votre invention. Ce doute peut être un ami s'il vous pousse à être plus exact, plus précis dans ce que vous sentez, tout en ne vous empêchant pas de continuer. Commencez par croire en ce que vous ressentez.

Asseyez-vous tranquillement et demandez à voir ce qu'il y a devant vous dans un domaine particulier de votre vie, que cela soit une décision à prendre ou une possibilité que vous voulez éclaircir; alors, de petites bribes et fragments d'informations vont commencer à faire surface. Votre désir de connaître votre futur projette votre mental dans ce futur, et ainsi, en rapporte quelques renseignements. Quelquefois, l'information arrive comme un sentiment très indéfini, tel que la joie ou le malaise. N'ayez aucune attente durant ces moments-là. Il est aussi important de ne porter aucun jugement sur vos premiers essais et de laisser simplement venir les impressions.

Un écrivain qui commence à exprimer sa créativité doit temporairement arrêter toute critique. Une personne créative doit cesser de juger et de critiquer durant la période où les nouvelles informations se mettent en forme. Par la suite, cette partie critique sera utile pour affiner les informations, mais au départ il est préférable de rester complètement ouvert. Donc, lorsque vous commencez à recevoir des impressions, arrêtez tout jugement. Ne soyez plus critique à vous demander: «Est-ce bien vrai ou faux ? Ne suis-je pas en train de l'inventer ?», car cela arrêterait l'arrivée de nouvelles impressions. Laissez ces impressions couler librement. Vous pouvez même en prendre note, car, plus tard, vous vous apercevrez que ce qui est simple et évident au début devient souvent plus profond avec du recul. Lorsque vous ne notez pas vos impressions, vous les oubliez. Lorsque vous les notez, vous pouvez les vérifier.

La vérification est un élément important de votre réalité. Dans votre monde, les actions créent des réactions et il est important de pouvoir observer les réactions que causent vos actions. Si vous êtes connecté à l'énergie et que vous commencez à recevoir des renseignements, des sentiments ou des pensées, il est important de les noter. Après plusieurs mois, vous serez impressionné de voir comment cela était lié à vos décisions et aux éléments de votre vie d'alors. C'est un bon moyen d'ouvrir votre conscience.

Plus votre coeur est ouvert et débordant d'amour, plus vous sentez l'énergie

En vous mettant en harmonie avec les autres personnes, ouvrez votre coeur et enveloppez ces personnes de pensées d'amour, et non de critique. Imaginez une personne sans amour, pleine de critique, se connectant à une autre personne; celle-ci ne va pas s'ouvrir - même aux niveaux subconscients ou énergétiques - pour révéler la moindre information, parce que cette énergie de critique sera ressentie comme une intrusion. Maintenant, imaginez une âme douce, pleine d'amour et d'attention; l'autre personne s'ouvrira à cette chaleur et se réchauffera à cet amour. Quand vous commencerez à être sensible à l'énergie, vous rencontrerez non seulement la douleur et la confusion, mais aussi des systèmes de réalité qui ne correspondent pas au vôtre. Si vous approchez les autres avec compassion et tolérance, vous pourrez recevoir beaucoup plus d'informations utiles. De nombreuses personnes sont conscientes de l'énergie présente mais pourtant, lorsqu'elles ressentent quelque chose qui ne s'accorde pas à leur réalité connue ou à leurs croyances vitales, elles coupent les sensations. Vous devez être prêt à voir que chacun pense différemment et croit en des choses différentes des vôtres sans pour cela être en tort, si vous voulez véritablement percevoir l'énergie.

Etre tolérant signifie accepter de nombreux points de vue différents et aimer les êtres pour ce qu'ils sont. Si vous êtes prêt à la tolérance, alors vous pouvez vous embarquer pour une aventure fabuleuse. Chaque personne a une façon unique de voir le monde. Si vous pouvez découvrir ce qui est unique, libre, ouvert et plein d'amour chez chaque être que vous connaissez ou rencontrez, vous trouverez de nouvelles manières pour vous-même d'être libre, ouvert et débordant d'amour. Il est fascinant de découvrir la façon dont les autres personnes voient le monde. En restant ouvert à toutes ces croyances si diverses, vous devenez de plus en plus harmonieux et de moins en moins rigide. Pour grandir dans la lumière, soyez flexible et adoptez les points de vue appropriés aux résultats que vous désirez. La plupart des personnes sont bien arrêtées dans les limites de leur propre être. Elles ont appris que le monde fonctionne d'une certaine manière et elles ne le voient qu'ainsi. Ce manque de flexibilité leur apporte de moins en moins de liberté et de choix. Vous devez connaître de telles personnes, bloquées dans certaines routines. Elles ne désirent rien changer, même si leur vie n'est pas satisfaisante.

Ces personnes sont complètement inconscientes de l'énergie des autres. Elles voient le monde, non pas comme les influençant, mais plutôt comme le subissant. Elles imaginent que le monde tourne autour d'elles. C'est parce qu'elles voient le monde de cette manière, qu'elles se sentent incapables de pouvoir changer quoi que ce soit afin de parvenir au résultat désiré. Se croyant être le centre de l'univers, elles sont généralement inconscientes des sentiments des autres personnes, ainsi que des réactions qu'elles créent par leurs actions et leurs actes. Si vous voulez diriger l'énergie dans votre vie, si vous voulez voir clairement le monde dans lequel vous vivez, vous devez regarder la vie avec le point de vue des autres personnes, ce qui peut être bien différent de votre propre point de vue. Si vous faites cela, restez ouvert et sans jugement, en gardant le sens de la découverte, de l'amour et de l'aventure.

Votre imagination est un outil très puissant pour sentir l'énergie

Une autre faculté que vous pouvez aussi utiliser pour mieux sentir cette énergie est votre imagination. Vous avez reçu cette imagination pour créer. Libérée des structures de croyances, c'est alors un de vos outils les plus puissants pour sentir l'énergie. Par l'imagination, vous vous connectez avec les énergies les plus subtiles et les plus élevées. L'imagination n'est pas limitée par le temps ou l'espace; elle n'est pas non plus limitée par votre corps physique. Lorsque vous créez quelque chose, vous le faites souvent par plaisir et par jeu, dans un esprit de détente. C'est un état très intuitif.

L'imagination peut aussi être utilisée pour créer la peur: en imaginant la personne que vous aimez dans les bras d'une autre personne, en vous inquiétant de la perte éventuelle de votre travail, ou en craignant d'attraper une maladie contagieuse... Il est préférable d'utiliser l'imagination pour croire que vous connaissez les actions à faire, pour visualiser des personnes vous aimant, ou pour vous voir en forme et plein de vitalité. Lorsque vous êtes dans cette douce énergie du jeu, lorsqu'il y a moins de pesanteur et de sérieux autour de vous, vous êtes alors plus en harmonie avec vos sensations. Si vous voulez sentir l'énergie, asseyez-vous tranquillement et faites comme si vous pouviez la sentir. Si vous ne savez pas comment faire quelque chose, faites comme si vous le saviez quand même, parce que le subconscient ne fait pas de différence entre le jeu et la réalité. Le subconscient accepte tout ce que vous prétendez être réel et il utilise cela pour créer votre réalité extérieure. Je dis souvent aux gens de "magnétiser les objectifs choisis", et ils me répondent qu'ils ne savent pas comment le faire. Je leur réponds de faire comme s'ils le savaient, et cela marche.

Prenez le temps de vous asseoir et faites semblant de savoir ce qu'une autre personne pense. Imaginez que vous connaissez déjà les décisions que vous allez bientôt prendre. Utilisez cette capacité d'attirer à vous de nouvelles idées et d'imaginer les évolutions potentielles comme un outil pour devenir plus sensible à l'énergie et pour voyager dans le futur.

La concentration accélère le temps et dirige l'énergie

Avec la concentration, vous allumez un rayon laser plutôt qu'une ampoule électrique. Utilisez votre capacité de concentration pour sentir l'énergie. La concentration c'est la faculté de se centrer sur une idée à l'exclusion de toute autre. Si vous désirez trouver des informations, il est important de vous centrer sur cela. Votre degré de concentration détermine la rapidité du résultat à venir. La concentration vous amène directement à ce que vous cherchez. Si vous vous concentrez sur quelque chose, si vous pensez à cela à l'exclusion de toute autre chose, vous orientez votre mental comme un rayon laser. Lorsque votre mental est ainsi dirigé, vous ne pouvez pas être affecté par les autres énergies de l'univers; vous êtes protégé, dans un certain sens, et l'objet de votre concentration devient clair. Imaginez que cette concentration est comme un rayon d'énergie qui se dirige vers le futur, vers une autre personne, vers une réponse, et les éclaire. C'est un rayon d'énergie qui trouve sa source en vous, qui chemine, comme une ligne télégraphique, et qui vous ramène la connaissance. Si vous désirez connaître quelque chose, centrez-vous sur cela parce que vous créez ce vers quoi votre attention se tourne.

En devenant conscient de l'énergie, vous devez aussi sentir si celle-ci vous recharge ou vous épuise. Vous pouvez faire cela en prêtant attention à votre énergie. Si vous portez votre attention vers quelque chose et que vous vous sentez vidé, regardez ce qui se passe vraiment pour vous. Ainsi, quelle que soit la situation, vous pouvez savoir si vous êtes vidé ou rechargé. Portez de préférence votre conscience vers ce qui vous recharge, parce qu'en y portant attention vous l'attirez plus encore.

Dans une situation difficile,
émettez de l'amour.
L'amour vous soigne et vous protège

Notez bien que les situations, les personnes ou les pensées qui vous rechargent sont celles qui ont un aspect positif, qui encouragent votre évolution et ouvrent votre coeur. La vie a besoin d'énergie, de conscience et d'amour. Chaque situation vous apprend un peu plus qui vous êtes. Si vous êtes dans une situation difficile, une confusion ou un manque d'énergie, commencez par émettre de l'amour parce que ce flot vous empêchera de vous vider. Lorsque vous rayonnez l'amour, vous êtes protégé et vous ne perdez plus votre énergie.

Avant de prendre conscience de l'énergie, équilibrez-vous et centrez-vous. Cela signifie que vous devez mettre votre corps dans une position de détente et de calme et que vous devez apaiser vos émotions. Il vous serait utile d'apprendre certaines techniques d'auto-contrôle. Lorsque vous essayez de vous connecter mentalement avec d'autres personnes, notez si votre pulsation cardiaque augmente, si vous êtes tendu, s'il y a un changement dans votre corps. Ce sont de bons moyens pour être sensible aux énergies. Notez bien ce qui se passe dans votre mental lorsque vous vous connectez à une personne, parce que plus vous portez attention à ce qui se passe en vous, plus vous pouvez recevoir de renseignements et d'informations. Si vous pensez à quelqu'un et que soudain vous avez des inquiétudes financières, c'est qu'en fait vous recevez les inquiétudes de l'autre personne, n'ayant personnellement aucune inquiétude avant de penser à elle.

Si vous essayez de regarder vers le futur, afin de percevoir un résultat, vous recevez l'information non pas par votre pensée, mais souvent dans votre corps. Supposons que vous deviez décider d'un chemin à prendre: en pensant à un des choix possibles, vous remarquez que votre respiration diminue, que votre corps se referme d'une certaine façon, que vous sentez un malaise au creux de l'estomac; voilà des signes, envoyés de votre futur, qui vous renseignent sur cette option choisie. Si, lorsque vous faites un certain choix, vous vous sentez lourd à l'intérieur, votre corps est en train de vous dire qu'il y a un meilleur choix à faire. Continuez alors à imaginer votre futur possible, en modifiant légèrement vos pensées, jusqu'à ce que vous ressentiez un sentiment de légèreté et de joie. Si ces sentiments ne viennent pas, alors changez complètement l'option choisie. Apprenez à vous observer, parce que vous êtes sensible à l'énergie, et ainsi vous commencerez à trouver les indications et les réponses qui sont déjà là.

L'interprétation appartient à l'étape suivante. Après avoir reçu toutes les informations et après les avoir notées, installez-vous confortablement pour les revoir, ou les relire. Vous verrez le doute poindre; il est essentiel à ce moment de ne pas le laisser vous entraver. Chaque fois que le doute fait surface, remerciez-le et laissez-le partir. En vous ouvrant à cette capacité de lire l'énergie qui vous entoure, vous pouvez découvrir qu'il existe une petite voix intérieure réfractaire à vos ressentis. Cela est vrai pour presque tout le monde, donc ne vous jugez pas pour cela. Tant que votre coeur est ouvert, tant que vous n'êtes pas dans l'ego, les gains personnels, la manipulation ou ces choses que vous reconnaissez comme inférieures, vous pouvez faire confiance à ce que vous ressentez. Quelquefois, ce que vous ressentez peut sembler nourrir l'ego. Si cela est vrai, examinez attentivement ce qui se passe, autant avec votre mental qu'avec votre capacité à sentir l'énergie. Si c'est quelque chose que vous désiriez voir se produire, et où vous êtes impliqué émotionnellement, il se peut que vos capacités à ressentir avec clarté aient été diminuées. Les informations les plus claires viennent lorsque les émotions sont calmes, lorsqu'il n'y a aucun gain personnel, lorsque vous êtes simplement en train de collecter des informations pour aider les autres. Par la pratique, vous pourrez toutefois recevoir des informations intéressantes vous concernant, même si vous êtes émotionnellement impliqué.

Par exemple, un de vos amis est dans la confusion. Vous vous détendez, en utilisant les différentes techniques dont j'ai déjà parlé, et vous ressentez l'énergie de votre ami. Vous commencez par voir la vie au travers de ses yeux. Vous voyez qu'il existe en lui certaines croyances inutiles et qu'il y a de la peine. Regardez cela sans jugement, avec beaucoup d'amour et d'in-

31

térêt. A ce moment, il n'y a aucun gain personnel de votre côté, pas de manipulation non plus, seulement un désir profond et sincère d'aider cet ami. Faites alors confiance aux informations qui viennent. Demandez à votre soi le plus élevé d'être avec vous; demandez aux forces les plus élevées de vous aider. Demandez à devenir un canal pour recevoir les meilleures informations et restez ouvert aux informations qui arrivent. Si votre but, ou votre intention, est de créer plus de clarté dans votre vie et dans celle des autres, alors ce que vous recevrez vous aidera en cela. Si vous agissez de cette manière, à partir de votre coeur, avec un sens du service, votre capacité à sentir l'énergie grandira rapidement, et aucune porte ne restera fermée devant vous.

Donnez du temps à penser à ce que vous voulez, plutôt qu'à ce que vous ne voulez pas

Moins vous passez de temps à visualiser ce que vous voulez, plus votre espace se remplit des visions de ce que les autres voudraient que vous fassiez ou des images issues de vos anciens schémas. Vous vivez alors ces dernières images plutôt que de recevoir ce que vous désirez. Le monde de l'image est la source du pouvoir dans votre monde physique. Imaginer ce que vous désirez consiste à créer un modèle avant de construire la chose réellement. Les images orientent l'énergie dans votre corps. Si vous désirez éclaicir une situation, vous pouvez toujours demander des images ou des symboles pour vous aider. Souvent, lorsque vous recevez des images, comme dans les rêves, vous aimez trouver l'explication logique et la signification des symboles. Il n'est pas nécessaire d'en connaître les significations pour être soigné par elles.
Vous pouvez soigner les autres personnes en leur envoyant des images et des symboles. Vous pouvez clarifier une situation en

la visionnant et la symbolisant, aussi aisément que vous pouvez le faire avec des mots. Les symboles sont en fait plus directs et plus actifs que les mots parce qu'ils ne sont pas en relation avec vos systèmes de croyances. Maintenant, pensez à une situation de votre vie, au sujet de laquelle vous aimeriez obtenir une réponse, et demandez une image pour la clarifier. Regardez si vous pouvez obtenir une image de la personne qui y est mêlée, ou de la situation toute entière. Si une personne, dans votre vie, vous cause du souci, vous prend du temps ou de l'énergie, essayez de la voir symboliquement. Elle peut alors vous apparaître comme venant à vous munie d'un bélier (poutre en bois pour défoncer les portes), ou bien, vous pouvez vous voir comme un mur devant constamment résister à ses assauts. Vous pouvez alors travailler sur la situation en modifiant ou clarifiant les symboles; par exemple, vous imaginez que le bélier devient un petit morceau de carton ou que votre mur prend la consistance du caoutchouc. Vous pouvez complètement changer l'énergie en jouant avec les symboles, et ainsi, vous pouvez guérir une situation.

Des courants d'énergie encerclent la planète et vous pouvez puiser en eux tant que vous voulez. Si vous désirez avoir plus d'énergie physique, pratiquez quelques respirations profondes et imaginez que vous êtes en relation avec tous les gens qui débordent de vitalité. A tout moment, il y a des millions de personnes centrées sur certaines idées; il y a, par exemple, les photographes, les écrivains, les personnes qui méditent, les guides spirituels, pour n'en nommer que quelques uns, et vous pouvez utiliser l'énergie qu'ils émettent pour accroître ou faire naître en vous ce que vous désirez. Il vous suffit de fermer les yeux et de vous connecter, même si ce n'est qu'en imagination, à toutes ces personnes qui font la même chose que vous. Reliez-vous à leur courant d'énergie ascendant et créatif. Grâce à votre respiration, vous pouvez vous mettre à l'unisson de ces personnes ou obtenir aide et conseil des forces les plus élevées de l'univers.

Toute l'énergie à laquelle vous aspirez est disponible. Si vous voulez plus d'amour, vous pouvez respirer dans cet amour omniprésent sur la planète. Tôt ou tard, il sera présent dans votre réalité physique. Si vous travaillez sur un projet et que vous éprouvez quelques difficultés à son accomplissement, vous pouvez vous relier aux personnes achevant avec succès leur création. Vous pouvez jouer d'une influence positive sur tout. Utilisez votre capacité à sentir et à vous connecter à l'énergie pour évoluer et faire évoluer les autres; c'est quelque chose que vous pouvez développer et qui vous aidera à évoluer rapidement.

1 - Choisissez une personne, et décrivez sa vie comme *elle* la voit.

2 - Comment pouvez-vous aider cette personne dans son évolution ? Visualisez ce que vous pouvez faire pour l'aider.

3 - Choisissez une situation de votre vie dont vous aimeriez connaître le futur. Maintenant, imaginez que vous êtes cinq ans plus tard et que vous regardez votre actuel présent. Que vous révèle votre soi sur ce qui va se passer ? Laissez votre imagination complètement libre, et prenez du plaisir à cela. Notez ce qui se passe (vous voudrez peut-être conserver cela pour le consulter ultérieurement).

4

SENTIR L'ENERGIE
EN CHACUN

Beaucoup d'entre vous développent leur capacité à garder leur sens du soi et évitent les masses ou groupes de pensées qui ne leur conviennent pas. L'énergie est comme un courant. Souvent, elle coule en vous contournant puis continue son chemin. Elle peut être définie comme un parfum embaumant l'entourage, vous atteignant ou non, selon la façon dont vous choisissez de réagir et votre degré de conscience de sa présence. Plus vous êtes conscient de vous-même, moins les influences extérieures peuvent vous affecter. Moins vous êtes conscient de vous-même et de la qualité de l'attention que vous vous portez, plus l'énergie peut vous affecter.

Vous êtes tous conscients de vos sentiments et de vos pensées, à un degré ou à un autre. Vous connaissez certainement ce qui vous rend joyeux ou déprimé; vous savez si vous avez des pensées positives ou négatives. Vous pouvez apprendre à aller plus en profondeur, à devenir plus conscient de la circulation subtile de l'énergie et de son effet sur vous. Vous pouvez devenir observateur de l'énergie qui vous entoure, la dirigeant plutôt que de réagir à son action.

Pendant quelques instants, remémorez-vous cette journée passée. Quels ont été vos sentiments ? Pouvez-vous vous souvenir de votre ressenti lorsque vous étiez avec telle ou telle autre personne ? Vous avez vécu sûrement tout une gamme d'émotions, des plus élevées - joies et pensées positives - jusqu'à la colère, la frustration, l'anxiété ou même la déprime. Certains de ces sentiments n'étaient que des réactions aux personnes que vous côtoyiez.

Sans cesse, les gens émettent leur énergie. Tout comme ils ont leur propre chimie interne, ils ont leur propre émission énergétique. L'énergie peut être assimilée à un code. De même qu'il n'existe pas deux flocons de neige identiques, il n'existe pas de codes énergétiques semblables. Chaque personne que vous rencontrez vous affecte différemment.

Soyez conscient de votre corps lorsque vous êtes en présence d'une autre personne. Etes-vous courbé ou bien droit ? Vos bras sont-ils devant vous ou bien derrière vous, laissant votre coeur ouvert ? Vos épaules sont-elles en avant ou en arrière ? Vous penchez-vous vers l'avant ou vers l'arrière, à partir de la taille, ou bien êtes-vous complètement raide ? Votre corps vous donne toujours des indications sur votre façon d'être avec les autres.

La conscience de votre corps, de vos pensées et de vos émotions vous permet de découvrir les effets que les autres personnes ont sur vous

Dans les jours qui viennent, notez comment vous êtes avec chaque personne que vous rencontrez. Prêtez attention à vos émotions. Vous pouvez très bien sentir que vous n'êtes pas affecté par une personne jusqu'à ce que vous regardiez avec plus d'attention ce qui se passe en vous. Lorsque vous êtes avec une personne, vous pouvez soudain penser à vos problèmes d'argent, alors que dix minutes auparavant vous ne vous en souciiez guère. Vous venez en fait de prendre l'énergie de cette personne en vous.

Si vous vous penchez en avant, cela signifie que vous dispersez votre énergie et essayez de rentrer dans l'espace de l'autre. Si vous vous penchez en arrière, vous essayez d'éviter l'énergie de l'autre personne qui peut venir à vous avec trop d'intensité. Lorsque vous vous tenez bien droit, les épaules bien posées, vous êtes au maximum de votre puissance, parce que vous êtes vraiment dans une position d'équilibre et de ressourcement qui vous permet de contrôler l'énergie qui vous entoure. Les pieds posés bien à plat sur le sol, en respirant régulièrement et en détendant les épaules, vous pouvez être en contact avec votre soi le plus élevé.

Vous deviendrez plus conscient de l'effet que les autres ont sur vous en observant vos pensées. Soyez conscient de ce que vous commencez à penser en approchant chaque personne. Alors que vous approchez une personne, vous pouvez rester dans des pensées d'amour, de transformation et de beauté universelle. Cependant, auprès d'une autre personne, vous penserez aux problèmes et aux difficultés de la vie, au travail qui vous reste encore à faire. Observez vos pensées lorsque vous êtes seul ou en compagnie. Tant que vous ne serez pas conscient de la qualité de vos pensées étant seul, vous ne serez pas capable de reconnaître les effets que les autres personnes produisent sur vos pensées.

De même, soyez attentif aux effets que les autres personnes ont sur vos émotions. Vous pouvez vous sentir soudainement fatigué, heureux et plein d'énergie, vidé, déprimé, anxieux ou en colère. Faites attention aux différences. Apprenez à ne plus vous vider, mais à être rechargé et stimulé par vos contacts avec les autres personnes. La première étape consiste à être conscient du moment où l'autre personne vous vide, même de manière subtile. Souvent, vous vous jugez mal lorsque vous êtes vidé par quelqu'un, et vous dites: "Je ne fais pas assez d'efforts pour lui faire plaisir" ou "Peut-être n'ai-je pas dit ce qu'il fallait" ou bien "Peut-être, me suis-je mal fait comprendre" ou encore "Je n'ai pas été assez bien, je ne l'ai pas assez aimé". En fait, vous cherchez à savoir comment vous avez fait l'erreur et vous faites encore plus d'efforts pour plaire aux autres.

Ne rendez personne coupable, ni l'autre, ni vous-même

Vous ne pouvez pas avoir de relation positive si vous vous considérez être dans l'erreur ou le manque. Si vous ne vous sentez pas bien dans une relation, dites-vous: «Je suis parfait comme je suis». Puis, allez plus profondément en vous. Observez votre énergie lorsque vous êtes en présence de cette personne. Soyez conscient de vos sentiments, de vos pensées, de votre corps. Faites le point sans cesse et demandez-vous : «Est ce que je me sens bien ou mal à l'aise ?» Il n'y a aucune raison pour rester près d'une personne qui vous met mal à l'aise.

En approfondissant votre conscience du dynamisme énergétique de la situation, vous aurez des messages de cette interaction qui vous apprendront beaucoup sur vous-même. Par exemple, vous êtes avec quelqu'un qui ne parle que de lui et ne veut prêter aucune attention à ce que vous avez à dire. Vous vous sentez déprécié ou en colère, peut-être même pensez-vous qu'il ne vous estime pas. En vous regardant avec plus d'attention, vous pouvez découvrir que c'est vous-même qui n'écoutez pas et qui n'appréciez pas véritablement à leur valeur vos sentiments, ou bien que vous recevez de nombreux messages intérieurs auxquels vous ne prêtez aucune attention. Toute interaction peut vous dire quelque chose sur vous-même. En vous transformant intérieurement, vous vous apercevrez que vous n'attirez plus ce genre de situation.

A moins de travailler dans le domaine de la guérison et de la santé, n'entrez pas en contact de personnes qui sucent ou utilisent votre énergie. Lorsque vous soignez les autres, vous dirigez l'énergie et vous ne pouvez pas être vidé (à moins que vous ne preniez leur énergie ou bien qu'ils ne résistent à votre puissance de santé). Il n'existe aucune raison pour vous mettre dans des situations où vous vous sentez déprécié, dévalué ou pas aimé.

Pourquoi vous laissez-vous prendre dans de telles situations, même mineures, où vous êtes déprécié, comme avec les vendeurs, les clients ou les communications téléphoniques ? C'est à cause d'une croyance inculquée par la société qui vous fait croire que vous ne pouvez pas choisir les personnes que vous rencontrez. Vous pouvez penser que vous devez de votre temps et de votre énergie aux autres, ou que vous devez leur donner votre attention si elles veulent faire partie de votre vie. Certains d'entre vous croient encore qu'ils doivent être attentionnés, pleins d'attention et d'amour envers tout le monde. Aimer quelqu'un ne veut pas dire que ses sentiments sont plus importants que les vôtres. Si vous étudiez la vie des êtres hautement évolués, vous verrez qu'il existe mille façons d'exprimer son amour au prochain, et ceci inclut d'être franc et de ne pas tolérer les comportements mesquins, bien que parler franchement puisse se faire dans l'amour et la compassion.

Etre engagé vers votre plus haute aspiration et vous aimer vous-même est votre priorité absolue. Dans vos contacts quotidiens, sachez que vous ne devez à personne ni de votre temps ni de votre énergie. Ils représentent le plus grand cadeau que vous avez reçu, et la façon de les utiliser détermine votre évolution sur cette Terre.

Lorsque vous vous sentez déprécié, en colère ou vidé, c'est un signe que l'autre personne n'est pas ouverte à votre énergie

Elle reçoit cette énergie d'une manière qui n'est pas positive, peut-être simplement pour nourrir son ego. Elle vous bloque peut-être et ne veut pas de votre énergie. Lorsque vous sentez que vous vous videz, si vous êtes penché en avant, essayant d'aller vers l'autre, demandant son attention ou bien vous sentant pompé, mal apprécié, ni reconnu ni aidé, il est temps de vous demander pourquoi vous restez dans cette situation.

Lorsque vous êtes déprécié ou épuisé par quelqu'un que vous ne connaissez pas, sans aucune raison apparente, vous souffrez de ce que l'on appelle "un coup de bâton psychique". Ce sont des messages de l'univers qui vous disent que vous ne prêtez plus assez d'attention à ce que vous faites pour vous-même et que vous devez regarder comment vous dépensez votre énergie pour des personnes qui ne peuvent la recevoir. Je les appelle des pense-bêtes. Au moment où vous réalisez que vous venez de vous faire avoir ou déprécier par quelqu'un que vous ne verrez probablement plus, ou que de très loin, regardez avec plus d'attention les relations que vous avez avec vos amis et les personnes que vous aimez. Vous êtes peut-être en train de vous déprécier vous-même, d'une façon ou d'une autre. Si l'univers ne peut vous adresser directement ses messages à propos de vos relations intimes, il mettra sur votre chemin un étranger qui attirera votre attention. Cette personne n'est là que pour vous rappeler, qu'à un certain niveau, vous vous sous-évaluez. Remerciez cette personne pour ce rappel et commencez à examiner vos relations avec plus d'attention. Questionnez-vous: "Dans quel domaine est-ce que je dépense mon énergie et ne reçois rien en retour?"

Vous avez, pour la plupart d'entre vous, le désir d'aimer, de soigner et d'aider les autres, et d'avoir des contacts ouverts avec eux. Une relation d'amour existe lorsque que la personne que vous aimez et aidez reste ouverte à ce que vous donnez. Imaginez que vous ayez des voisins auxquels vous désirez donner, à tel point que vous leur faites tout le temps des cadeaux. De leur côté, ils sont gênés et se sentent obligés à votre égard, alors qu'ils n'ont pas le temps ou le désir de vous faire de cadeaux. Petit à petit, vous vous sentirez rejeté, vous demandant pourquoi ils ne vous remercient pas ou ne vous rendent pas la pareille. Vous vous demanderez alors pourquoi vous ne vous sentez pas bien alors que vous donnez avec générosité. Comme vous pouvez le voir, il y a des moments où il n'est pas approprié de donner aux autres. Ces personnes peuvent vous en vouloir parce qu'elles ne vous avaient demandé ni votre amour ni votre attention.

Si vous voulez garder une relation saine
avec votre entourage,

sachez donner et recevoir
dans de justes proportions

Il est important de savoir ce que vous pouvez recevoir, parce que vous n'êtes pas tous prêts à recevoir sans limite, bien que vous aimiez donner. Si vous sentez que les autres n'apprécient pas ce que vous leur donnez, regardez alors dans quelle mesure vous êtes disposé à recevoir.

Vous avez tous vécu le manque d'appréciation. Questionnez-vous donc: "Pourquoi ai-je envie de donner plus que l'autre ne peut recevoir ?" C'est une manière de vous sentir vidé par vos amis. Les personnes qui travaillent dans le domaine de la santé peuvent être vidées, se sentir dépréciées, être complètement à bout, lorsque ce don de l'énergie ne coule pas dans les deux sens. Il n'y a rien de plus énergétisant pour celui qui soigne comme pour celui qui est soigné, que de sentir cette circulation d'amour passer dans les deux sens. C'est en fait à ce moment que la guérison peut survenir et l'évolution s'accomplir. Celui qui soigne est énergétisé par la personne qui reçoit et cette dernière amplifie le potentiel vital de celui qui soigne. Si vous êtes dans la position du guérisseur, vous pouvez être complètement vidé si vous ne recevez rien, et les personnes que vous soignez peuvent ressentir un malaise si vous leur donnez plus qu'elles ne peuvent recevoir.

Des émotions négatives, telles que l'obligation, la colère ou le ressentiment font toujours surface lorsque vous vous sentez vidé. Si vous vous examinez et observez ce qui se passe dans vos pensées, vos émotions et votre corps, vous saurez si l'échange énergétique est équilibré. Si vous vous sentez complètement vidé, et que vous n'aimez pas vous sentir ainsi, que pouvez-vous faire ? Avant tout, sachez que vous pouvez vraiment contrôler vos pensées, vos émotions et vos réactions physiques. Vous pouvez entrer en vous-même pour solliciter l'univers et votre esprit de plus de clarté, afin de mieux comprendre les leçons à tirer de cela.

Vous vivez souvent des situations où vous sentez que l'échange d'énergie n'est pas équilibré. Supposons que quelqu'un vous emprunte régulièrement de l'argent et ne vous rembourse jamais. Plus vous essayez de vous faire rembourser, sans résultat, plus la colère monte. Vous pouvez aller en vous-même et vous poser cette question: "N'est-ce pas symbolique de mon attitude à donner mon énergie et à ne pas être ouvert à en recevoir en retour ?" Vous pouvez recevoir de nombreux messages sur la qualité de votre énergie en prêtant attention à ces moments où vous vous sentez vidé, et vous pouvez alors accueillir ces messages comme des défis et des leçons. Si vous croyez encore que vous ne méritez pas de recevoir tout ce que vous désirez, pensez que vous pouvez créer des relations qui vous aideront tout en aidant les autres.

Vous éprouvez tous des réserves sur ce que vous ressentez. Vous pouvez penser: "Est-ce que je ressens réellement cette énergie, est-ce que je me sens vidé et déprécié, ou bien suis-je simplement un peu fatigué aujourd'hui et en train de m'imaginer tout cela ?"Ne vous souciez pas de vos doutes. Ils peuvent aussi représenter un aspect plus fort de vous-même qui vous évite d'être trop secoué par les différents courants d'énergies qui vous entourent. Le secret consiste à faire de vos doutes des amis. Quelquefois vous entendrez la voix du doute vous parler de certaines choses de votre vie. Elle dira: «Peut-être que ça ne marchera jamais. Peut-être que tout cela n'est que rêve. Peut-être que je n'aurai pas ce que je veux. Peut-être que je n'ai pas raison.» Cette petite voix de l'incertitude peut être si grosse. Ecoutez-la et parlez-lui, parce qu'il y a toujours des informations intéressantes dans cette voix. Quel peut être le message, le positif de cette voix du doute ? Vous répondez souvent à cette voix en disant: "Non, je ne vais pas me décourager. Je garde ma foi, je garde ma vision. J'essaie de toute façon." Lorsque vous vous battez contre cette voix du scepticisme, celle-ci a déjà fait ce qu'elle devait faire: elle a fait sortir et renforcé votre détermination.

Quelquefois le doute semble vous submerger complètement et

la voix de votre pouvoir doit se faire encore plus forte pour être entendue. Lorsque vous sentez le doute s'installer, interrogez votre pouvoir, votre interprétation des choses, votre voix, parlez avec cette voix et demandez-lui ce qu'elle veut vous dire. Quel cadeau vous fait-elle ? Plus tôt vous reconnaissez qu'il y a un cadeau dans cette voix de l'incertitude, plus vite elle se calmera et vous aidera à obtenir ce que vous désirez.

L'autre message de cette voix est le défi qu'elle adresse à vos convictions. Lorsque vous vous posez la question de savoir si vous êtes vidé ou pas, votre leçon consiste à croire à votre ressenti. Même si vous ne vous sentez que très légèrement fatigué, soyez attentif au dynamisme de l'énergie entre vous et la personne avec qui vous êtes. Soyez sûr que vous ne vous sentirez pas vidé tant que vous ne le serez pas réellement.

Les émotions peuvent vous apporter une réponse mais elles peuvent aussi bloquer le contact que vous avez avec votre intuition quant à votre senti énergétique. Que font vos émotions et pourquoi les avez-vous ?

Les émotions vous aident à créer la réalité

Lorsque vous croyez en une chose, si vous l'aimez, la désirez et voulez vraiment l'obtenir, vous la créez plus rapidement. Aimez vos émotions mais ne les laissez pas épuiser votre énergie. Ne permettez pas non plus aux émotions des autres de vous épuiser. Les émotions des autres personnes peuvent vider ou capturer votre énergie dans la mesure où vous laissez ces mêmes sentiments vous tenir prisonnier. Personne ne peut vous affecter avec des émotions puissantes, intenses ou négatives, à moins que vous n'ayez ces émotions en vous. Les sentiments des autres personnes éveillent des émotions similaires en vous, selon le principe de la résonance. En calmant vos propres émotions vous apprendrez à maîtriser les fortes émotions des autres personnes.

Comment calmer vos émotions ? Ecoutez ces très légers sentiments négatifs en vous avant qu'ils ne créent une crise. Votre soi le plus élevé est toujours en communication avec vous au travers de vos émotions, vous guidant sur tel ou tel chemin. Si vous n'êtes pas attentif à ce très faible niveau d'intensité, l'émotion va s'amplifier. Cela se passe ainsi avec les autres personnes. Si vous ne prêtez aucune attention lorsque les autres vous déprécient quelque peu, ils persisteront à vous vider de votre énergie jusqu'à ce que vous «compreniez». Ils vous épuiseront tant et plus, jusqu'à ce que vous les arrêtiez, soit en rompant la relation, soit en parlant avec eux de ce que vous désirez.

Lorsque vous commencez à prendre conscience d'une situation qui vous dévalue, ou qui vous demande trop de vous-même, clarifiez l'énergie négative. D'abord, restez bien droit et centré dans votre corps, sans déséquilibre postural. Lorsque vous êtes en compagnie de personnes qui vous vident, apprenez à mettre des mots sur vos sentiments, même si cela reste en vous-même. Mettre des mots sur vos sentiments est une méthode très puissante pour purifier votre espace des énergies des autres personnes. Il n'est pas nécessaire d'exprimer votre colère aux autres, mais ne gardez pas celle-ci dans votre espace. Exprimez-la devant votre magnétophone ou votre magnétoscope, ou écrivez-la. Tout processus permettant de la faire sortir de votre corps vous purifiera de cette énergie prise à quelqu'un d'autre. Les émotions peuvent empêcher la claire perception de l'énergie. Lorsque vous êtes émotionnellement impliqué dans un événement, il est beaucoup plus difficile de voir votre chemin. Avant de demander des réponses à l'Univers assurez-vous de trouver en vous-même un endroit de paix, de calme pour recevoir ces réponses.

Beaucoup d'entre vous, en écoutant les autres, continuent à faire tourner le mental en pensant déjà à la réponse à donner, ou à ce qu'il convient de dire. J'appelle cela faire plutôt qu'être. Faire, c'est lorsque votre mental est constamment occupé, lorsque vous êtes en vous-même en train de vous faire tout un cinéma.

Etre, c'est lorsque vous êtes silencieux, écoutant avec attention ce que les autres sont en train de dire.

Ecoutez avec un mental silencieux. Vous pouvez ainsi diriger le courant d'énergie entre vous et les autres

Plus votre mental est occupé, plus vous risquez d'être affecté par l'énergie présente sans en avoir conscience. Plus vous êtes silencieux lorsque vous écoutez les autres, plus vous pouvez diriger ce que vous émanez et plus vous restez conscient de votre corps comme de vos émotions pendant cet échange. Lorsque vous êtes avec les autres, pratiquez cet état "d'être". Entraînez-vous à ne rien faire, à ne penser ni ne réagir à rien. Restez simplement conscient des sons, des odeurs, de l'endroit où vous vous trouvez, de l'énergie mise en jeu, au-delà des mots. Observez comment vous vous sentez et ce qui est dit. Alors, une richesse d'informations se présentera à vous.

Vous pouvez être surpris au début de constater quelle genre de relations vous aviez auparavant, des relations que vous pensiez élevées et équilibrantes et qui ne l'étaient pas vraiment. Vous pourrez, pour la première fois, voir vraiment l'énergie que les autres vous accordaient ou ne vous accordaient pas.

Soyez conscient du monde dans lequel vous vivez; soyez conscient des messages que vous recevez sans cesse des forces les plus élevées et les plus compatissantes de l'Univers; et le plus important de tout, prêtez attention à vous-même.

1) Asseyez-vous tranquillement et détendez votre corps. Connectez-vous à votre propre énergie, à votre corps, vos émotions, et votre mental afin d'avoir un certain sens de la réalité. Ensuite, pensez à quelqu'un que vous connaissez. Laissez votre mental émettre avec douceur, laissez votre coeur s'ouvrir, et notez les images, impressions ou sentiments qui viennent. Notez bien les différences qui existent entre ces sentiments et les vôtres; notez tout changement dans votre corps, vos émotions et vos pensées. Ensuite, revenez à votre propre réalité et écrivez les impressions qui vous sont venues.

2) Partagez avec la personne choisie pour l'exercice précédent ce que vous avez reçu, en lui donnant les informations positives et les impressions généreuses que vous avez notées. Demandez ensuite à cette personne ce qu'elle ressent de ce que vous avez noté, parce qu'ainsi vous apprendrez à interpréter avec le plus d'exactitude possible ce que vous recevez.

5

QUI SUIS-JE ?

La question "Qui suis-je ?" est une question importante, car tant que vous ne pourrez y répondre, vous ne pourrez pas clairement sentir et interpréter l'énergie qui vous entoure.

Vous avez tous une idée de ce que vous êtes; vous vous êtes observé dans différentes situations et vous savez comment vous réagissez, comment vous utilisez votre temps... Pour la plupart, vous avez aussi la vision de celui que vous voudriez être - pour votre corps, votre temps, vos revenus, vos activités et votre alimentation. Nous reviendrons plus tard sur toutes ces images que vous portez en vous concernant ce que vous pensez que vous devriez être, et cette vision de ce que vous voudriez être.

Pour savoir qui vous êtes, vous devez trouver le calme mental. J'ai déjà parlé de ce calme et de cet écran que vous créez par la relaxation et la visualisation. Afin de vous connaître, vous devez passer du temps seul, tranquille et ouvert pour écouter vos pensées et observer les jours qui passent ainsi que vous-même.

Connaître qui vous êtes signifie prendre un engagement envers vous-même. Quel type d'engagement ? Certains d'entre vous pensent qu'il s'agit d'utiliser la volonté pour vous forcer à vivre suivant la vision que vous avez de votre idéal. Vous pouvez penser que lorsque vous avez décidé de faire quelque chose, vous devez vous tenir inflexiblement à cette décision.

Prendre un engagement envers vous-même
signifie écouter vos sentiments à chaque instant
et agir selon ce qui vous semble juste,
au moment présent

Presque toutes les décisions que vous prenez à propos de vos actes ne sont que des projections dans le futur de votre vie présente. Cela signifie que vous prenez des décisions pour quelque chose qui n'est pas encore présent. Prendre un engagement envers soi-même consiste à vivre au présent, en reconnaissant que vous avez assez de bon sens pour faire ce qu'il convient à chaque instant. Cela implique de vous faire confiance, sachant que vous n'avez pas à vous secouer pour vous dire comment vous devez être ou ce qu'il faut faire. Vous n'avez pas à vous préoccuper de votre avenir, dans trois semaines ou dans un an. Vous devez savoir que vous ne serez pas la même personne dans ce temps futur, vous serez un peu plus sage et plus évolué. Il est important de planifier et de visualiser ce que vous voulez dans votre futur, mais, une fois que cela est fait, détendez-vous et faites confiance à votre soi futur.

Prendre un engagement envers soi-même consiste à savoir ce qu'il convient de faire au moment présent. Pour cela vous devez connaître vos sentiments, vos sensations. Vous pouvez dire: "Je sais ce que je ressens"; pourtant, la plupart d'entre vous n'êtes pas conscients de ces sensations et, plus encore, n'accordent pas ces sensations avec les mots et les actions qui s'en - suivent. Par exemple, si quelqu'un vous demande une faveur, vous pouvez dire: "Ce n'est pas quelque chose que je veux faire, mais je dois le faire". Et vous le faites alors, à l'encontre de votre ressenti. Lorsque vous vous engagez à vous respecter vous-même, les autres peuvent dire que vous êtes égoïste. Vous pouvez vous être programmé à dire qu'il n'est pas bien d'être égoïste, et que vous devez quelque chose aux autres. Vous ne pouvez pas clairement sentir l'énergie, vous ne pouvez pas exprimer votre puissance et diriger cette énergie, tant que votre premier engagement n'est pas envers vous-même. Si vous ne faites pas passer votre vie, vos pensées, vos buts en priorité, vous irez vous perdre dans les désirs et les attentes des autres personnes. Tout ce qui se présente sur votre chemin, que ce soit une personne, un projet ou un événement, vous remuera comme si vous étiez sur un frêle esquif perdu sur une mer déchaînée. Si vous savez qui vous êtes, si votre vie est une priorité, si vous respectez vos ressentis et agissez selon eux, vous naviguez alors à bord d'un solide voilier taillant sa route sur une mer calme, vers le cap choisi.

Apprenez à distinguer les moments où vous devez faire attention à vos propres besoins de ceux où vous devez être désintéressé

De même qu'il est important d'être centré sur vous-même et de connaître qui vous êtes, faisant de votre vie une priorité, il est aussi important d'être conscient de votre influence sur votre entourage. Vous êtes plus fort lorsque vous pouvez comprendre l'effet de vos actions sur les autres, et vous pouvez alors choisir vos actions. Certaines personnes s'inquiètent d'agir de manière égoïste si elles font ce qui est bon pour elles. Lorsque vous respectez votre chemin le plus élevé et votre soi, vous honorez toujours en même temps le chemin le meilleur et le soi des autres personnes, même si cela ne semble pas évident à première vue. Il est important aussi de savoir être désintéressé, lorsqu'il faut se laisser aller avec ce qui arrive, sans répondre à une demande de l'ego. La meilleure indication que je puisse vous donner est d'être désintéressé lorsqu'il s'agit de choses peu importantes - le choix d'une table au restaurant, d'un film, ... laissez ces petites choses aller d'elles-mêmes. Lorsqu'il s'agit de suivre votre chemin le plus élevé, de faire ces choses qui servent l'humanité, c'est le moment d'être ferme (avec douceur et compassion évidemment). Il est important d'être désintéressé lorsque vous faites partie d'un groupe important, travaillant à des buts communs, si ces buts font partie de votre chemin et s'il y a de la joie dans ce service. Si ce désintérêt vient d'une gêne, d'une pression ou d'une attitude obligée, il n'est pas approprié.

Vous êtes, pour la plupart, complètement absorbés par votre

vie. Vous êtes si concernés par l'impact que vous avez sur les autres, vous demandant: "Que va penser Untel ou Unetelle lorsque je vais lui dire ce que je fais ?" que, bien souvent, vous ne voyez pas qui vous êtes, si ce n'est d'une perspective très limitée. Il y a tant de manières de vivre votre corps et de changer de perspective, de vous voir sous un nouveau jour. L'une d'elles consiste à vous mettre à la place des autres et de les regarder, non plus avec vos propres jugements et croyances, mais avec leurs jugements et leur perspective. Beaucoup d'entre vous se sentent comme des comédiens sur scène, sous le regard et le jugement des autres personnes. Mais c'est vous-même qui vous poussez à monter sur cette scène, observant et jugeant. En faisant cela, vous commencerez aussi à vous sentir responsable pour les autres personnes aussi - si elles ne se sentent pas bien, c'est peut-être à cause de vous.

Ne vous sentez pas responsable du bonheur des autres. Chacun le choisit pour soi; vous ne pouvez pas le choisir pour les autres

Vous connaissez peut-être des enfants qui se culpabilisent du divorce de leurs parents, parce que, pour leur jeune regard, ils croient être la cause de tout ce qui se passe autour d'eux. Si vous désirez porter un regard nouveau sur qui vous êtes, regardez-vous avec les yeux d'une autre personne. Mettez-vous dans les souliers de quelqu'un d'autre. Pensez à ses défis, à ses attitudes, à ses abondances ou ses manques, et laissez ces images vous traverser. Vous avez alors, tout simplement, abandonné votre corps et votre réalité, et vous êtes devenu une partie d'un nouveau système énergétique. Vous comprendrez mieux les actions et le comportements des autres personnes en sortant de votre propre vie et point de vue, et vous serez aussi capable de vous voir plus clairement. Regardez votre vie du point de vue d'une autre personne. Vous pouvez commencer cela dès demain avec toutes les personnes avec lesquelles vous serez en contact. Vous pourrez ainsi voir la réalité qu'elles vivent, le stress dans lequel elles sont, les types de pensées qui flottent dans leur mental et les leçons qu'elles sont en train d'apprendre au moment présent. Avec cette compréhension, vous pouvez interagir avec elles d'une manière qui soit positive pour vous comme pour elles. Faites de ce processus une habitude, un réflexe, sans effort. Ainsi, lorsque vous aurez des problèmes avec certaines personnes, soit à propos de ce qu'elles pensent de vous, soit à propos de ce qui leur arrive, vous serez capable d'utiliser ce même processus pour sentir leur énergie.

Un des plus gros freins concernant cette perception de l'énergie vient du fait que vous êtes trop conscient de vous-même, trop centré sur votre propre existence. Vous n'arrivez pas à sentir la réalité des autres personnes lorsque vous êtes plus préoccupé par ce qu'elles pensent de vous que par ce que vous pouvez faire pour les aider (et vous aider vous-même par la même occasion). Lorsque nous parlons de ce mouvement ascendant vers des niveaux d'énergie plus élevés, nous parlons de l'aide apportée aux autres en faisant que chaque contact soit un contact d'aide, de soutien, d'harmonisation.

Vous ne pourrez pas être plus sensible à l'énergie tant que vous ne pourrez pas l'appréhender de manière positive. L'univers ne vous permet pas de faire l'expérience de tant d'énergie tant que vous ne savez pas l'appréhender réellement. Plus vous travaillerez avec une énergie harmonisante pour vous et pour les autres, plus vous pourrez sentir et connaître les énergies qui existent autour de vous.

Qu'est-ce qu'un contact harmonisant ? Comment faire de chaque rencontre un moment positif d'harmonisation ? Le premier pas vers une relation saine consiste à pardonner aux personnes avec lesquelles vous êtes en contact. Donc, commencez par prendre conscience de tout ressentiment passé ou même présent envers elles, de tout sentiment de supériorité ou d'inériorité, de tout grief et de toute pensée négative (même s'il ne s'agit que d'une image à propos de quelque chose qu'elles ont et qui ne correspond pas à vos critères). Pour harmoniser, sentez bien que vous vous pardonnez de ce que vous avez pu leur envoyer à un niveau mental ou émotionnel et qui ne les a pas aidées sur le chemin de leur évolution. Demandez-vous comment vous pouvez les aider dans leur épanouissement spirituel. Quelle communication pourriez-vous établir qui pourrait les servir ? Pour trouver la réponse, vous devez laisser votre corps et entrer dans leur réalité. Comment pouvez-vous les apprécier, les reconnaître et les remercier ? Ces diverses questions et pensées sortiront du champ de votre personnalité.

Donnez aux autres ce que vous aimez recevoir - amour, soutien, appréciation, santé et reconnaissance - et vous recevrez cela en retour

Le fait de vous questionner - "Comment puis-je être reconnu, obtenir plus de soutien ou avoir ce que je veux ?" - bloque votre claire vision de l'énergie. Attribuer des qualités vous ouvre la possibilité de voir les autres et leurs systèmes de réalité, et qui plus est, cela vous permet de vous voir avec compassion à un niveau plus élevé.

Naturellement, vous commencerez à vous pardonner, à vous aider, à vous reconnaître et à vous apprécier lorsque que vous agirez ainsi envers les autres. Soigner les autres, les harmoniser, n'est pas seulement un cadeau que vous faites au monde: c'est un cadeau que vous vous faites à vous-même.

Chacun de vous peut apprendre à être conscient de son énergie en regardant l'énergie des autres. Plus vous percevrez leur énergie avec exactitude, plus vous serez capable de la sentir en vous avec précision. Cela est vrai non seulement pour l'énergie positive, mais aussi pour vos peurs et vos énergies plus sombres. Lorsque vous jugez quelqu'un, vous ressentez votre propre ombre et vous prenez en vous toute l'énergie négative que vous jugez. Voir l'énergie clairement consiste à laisser de côté tout jugement du bien et du mal. Engagez-vous à laisser partir ces jugements. Lorsque vous constatez chez une personne une qualité ou caractéristique que vous n'aimez pas, voyez si vous pouvez trouver de quelle manière cela s'intègre bien à sa vie. Voyez comment ce trait particulier agit sur elle, en quoi cette qualité est positive pour elle. En laissant de côté tout jugement, vous vous libérez; ainsi, vous n'êtes plus affecté par l'énergie des autres personnes.

Qu'est-ce que la peur ? De quoi est faite cette zone d'ombre ? Tant qu'elle n'est pas affrontée, la peur existe comme un sentiment de lourdeur, d'inquiétude et de trouble. A certains moments vous êtes léger et joyeux et à d'autres moments vous ne vous sentez pas bien. Ces moments les plus lourds sont souvent une indication de peur. Plus vous vous élevez, plus vous laissez votre peur s'en aller.

*Pour faire partir votre peur,
regardez-la en face, et ainsi,
ce que vous confrontez se dissout
à la lumière de la conscience*

Au niveau le plus bas, la peur existe en tant qu'émotion lourde, semblable à un poids, ou une sensation de tension dans le corps. Cela peut être un sentiment d'empressement, pour cacher la peur sous un masque de productivité, en faisant plutôt qu'en étant.

Lorsque vous vous sentez lourd et sombre, demandez à la peur d'apparaître à votre conscience. Tout ce que vous fuyez, continue à grandir et à se renforcer. Lorsque vous décidez d'affronter votre peur, l'Univers vous aide à vous en affranchir et à vous guérir. Beaucoup d'entre vous ont peur d'être seuls, croyant devoir tout prendre en main personnellement. Vous pouvez ressentir le lourd poids des responsabilités, alors que l'Univers est rempli d'amis, de guérisseurs, d'aides. Plus vous harmonisez ceux avec qui vous êtes en contact, plus l'harmonie règnera en vous. Recevoir et donner cette énergie de guérison, d'harmonie, est la voie royale vers les énergies plus élevées.

La peur peut être affrontée et transformée par une respiration libre. Elle peut aussi être maîtrisée par l'action. Si vous sentez de l'énergie négative chez quelqu'un, sous forme d'une sensation déplaisante, ne vous échappez pas. En tout premier lieu, arrêtez tout jugement, et ensuite, demandez à l'univers de vous guider dans ce que vous devez faire - si vous devez faire quelque chose. L'univers vous aide toujours lorsque vous lui demandez. Cela peut apparaître sous forme de pensées soudaines, de révélations; ou bien à travers un écrit, un élément visuel, un son ou une parole. Lorsque vous sentez une quelconque négativité chez une personne, vous pouvez interrompre son effet en demandant de quelle manière vous pouvez l'aider dans son évolution. Vous vous apercevrez qu'elle fait la même chose à votre égard. Si elle ne peut pas s'harmoniser avec vous et votre énergie d'amour, elle quittera votre vie, ou vous cesserez de créer de nouvelles occasions de la rencontrer.

Quelle peur existe-t-il à sentir l'énergie, à trouver de l'énergie négative chez les autres ? Est-ce la peur d'être blessé par ces personnes ? Est-ce la croyance que ces personnes peuvent vous déprécier, vous humilier ? En prenant conscience de votre peur de l'énergie négative, de son action sur vous, vous disposez de tout ce qui est nécessaire pour l'utiliser. C'est en reconnaissant et en confrontant vos peurs de l'énergie négative que vous pourrez la transformer en une énergie sans puissance. Une fois encore, sachez que l'énergie positive, l'énergie d'harmonisation est toujours plus puissante que l'énergie négative.

La peur peut se produire à n'importe quel moment lorsque l'image de ce que vous êtes ne s'accorde pas avec celle de ce que vous voudriez être. Pourquoi avez-vous peur de ce que vous n'êtes pas ? Avez-vous l'impression de vous tromper, de vous décevoir ?

Aimez et acceptez ce que vous êtes et non ce que vous serez ou devriez être

Si vous vous aimez pour ce que vous êtes, vous vivez dans le temps présent, la porte ouverte à vos pouvoirs personnels. Si vous n'aimez que l'être que vous serez, alors vous êtes hors de votre corps, vivant dans un futur que vous ne pouvez influencer - tant qu'il ne remplace pas le temps présent qui vous permet d'agir. Regardez qui vous êtes, comparez à ce que vous voudriez être et demandez-vous pourquoi cela ne s'accorde pas. "Ce que je veux être est-il réellement approprié à ce que je suis ou bien est-ce ce que l'on m'a dit que je devrais être?" Plus vous vous débarrassez des programmes des autres personnes, de leurs attentes, des images qu'elles ont de vous, plus vous prenez de la puissance. La plupart de ces images du futur demandent des arrangements non-réalistes ou inappropriés qui vous sont donnés par les autres. Certains de ces idéaux ne sont que des croyances empruntées aux autres et auxquelles vous essayez de correspondre. Observez vos attentes par rapport à vous-même, surtout celles que vous avez du mal à réaliser. Elles peuvent indiquer des espaces que vous voulez explorer mais qui ne correspondent pas à vos véritables besoins. La douleur que vous ressentez à cause de cette différence, la sensation de lourdeur, de peur et de noirceur n'existe que parce que vous essayez de "porter" une énergie qui ne vous appartient pas.
Pour connaître qui vous êtes, vous avez besoin d'un temps de réflexion, d'une pause. Le temps passé dans la solitude est le temps privilégié de la création. Je ne parle pas du temps passé à penser avec ferveur à quelque chose, mais de ce temps paisible durant lequel vous ne pensez plus du tout. Le silence

du mental crée l'espace pour accueillir des idées nouvelles et les laisser naître à votre réalité. L'inspiration naît de ce silence. Cela peut prendre une semaine et même plus avant que l'idée n'arrive à votre conscience, mais ne laissez pas ce délai vous empêcher de voir la relation entre ce temps de silence et la créativité qui s'ensuit.

Etre seul, tranquillement assis, permettant un repos physique, émotionnel et mental vous donne un sens sans cesse plus clair du soi. Durant ces moments silencieux, vous ne jouez plus aucun rôle, vous ne dépendez plus d'une identité, et votre âme peut vous parler à son aise. Vous êtes au plus clair de votre perception énergétique lorsque vous êtes seul, lorsqu'il n'y a plus personne autour de vous. Certains d'entre vous sont toujours entourés, et s'ils se retrouvent seuls, ils inventent alors des millions de choses à faire - tout ce qui empêche de penser, de réfléchir et de rester en paix. Vous avez appris que produire et créer des choses visibles, palpables ou audibles est supérieur à rester tranquille. Pourtant, ces moments de réflexion sont source d'énergie vitale, de claire vision, d'inspiration et d'idées nouvelles. Commencez à donner de la valeur aux moments que vous passez assis ou allongé tranquillement. Entraînez-vous à ne penser à rien, parce que le silence est la porte du ressenti énergétique et l'ouverture à l'intuition. C'est aussi la plus haute et la plus efficace des méthodes d'auto-guérison.

1) Pensez à une rencontre prochaine avec une personne que vous aimez.

2) Quel est le but le plus élevé de cette rencontre ? Cela peut être de vous encourager et vous aider mutuellement, ou bien de vous aider dans une décision... même si c'est purement conventionnel, voyez si vous pouvez trouver le but le plus élevé de cette rencontre.

3) Comment pouvez-vous aider les autres personnes à créer une vision plus élevée d'elles-mêmes? Comment peuvent-elles vous aider dans ce même sens ? La prochaine fois que vous serez avec quelqu'un, décidez de vous centrer et d'agir en accord avec le but le plus élevé de cette rencontre.

6

AMENER L'INCONSCIENT
A LA CONSCIENCE

Vous possédez en vous tous les outils nécessaires pour devenir ce que vous voulez être. En apprenant à sentir l'énergie, vous pouvez aussi modifier l'énergie perçue. En prenant conscience de l'énergie qui vous entoure, vous remarquez les niveaux d'énergie, et ainsi vous pouvez les élever. Cela vous permet de modifier les images présentes dans votre mental et de centrer vos intentions, dans plus de clarté et d'élévation, pour vous ouvrir et évoluer.

Lorsque vous demandez davantage à l'univers, il est important que vous soyez ouvert pour recevoir, car l'univers vous répond de la manière la plus rapide et la plus efficace possible. Vous devez peut-être abandonner certaines attitudes ou images avant de recevoir certaines choses, aussi vous créerez des situations vous permettant de vous débarrasser de cela. Si vous êtes prêt à vous élever, il est temps d'abandonner toutes les images spécifiques que vous avez à ce propos.

Vous pouvez évoluer plus rapidement en amenant votre inconscient à la conscience, parce que l'esprit conscient est la lumière qui transforme l'inconscient. Vous n'êtes en aucune façon dirigé par des forces cachées ou des programmes inconnus. Vous avez la possibilité de regarder en vous-même et de trouver la réponse.

Pour amener l'inconscient à la conscience, cherchez la lumière dans chaque situation. Vous verrez alors les réponses apparaître, ne faisant aucun cas de votre mental pour analyser ou penser. Si vous voulez une réponse, visualisez que vous tenez la situation bien en main. Imaginez la clarté venir dans cette image, et ensuite abandonnez tout cela à votre soi le plus élevé ou bien à un être plus évolué dans l'univers.

Vous n'êtes pas à la merci de forces cachées ou de programmes inconnus. Vous pouvez regarder en vous-même et trouver la réponse

Si vous cherchez une réponse, il vous suffit de poser la question et ensuite d'écouter. Quelques informations vous arriveront, quoi qu'il arrive, et l'une d'entre elles correspondra à l'image que vous vous faites de la réalité et de son déroulement. Une des interférences est le mental qui ne cesse de bavarder, et qui s'obstine à penser alors que vous avez besoin de vous détendre et de changer de mode de pensée.

Amener l'inconscient à la conscience est un défi présent dans chaque situation. Si vous sentez que quelque chose d'obscur se produit, vous passez alors beaucoup de temps à essayer de résoudre, d'analyser et de comprendre cela. Vous envoyez un signal énergétique à l'univers tout entier. Et immédiatement, les réponses vous sont données. Mais vous espérez que ces réponses viennent d'une certaine manière ou avec un certain sens; alors il est bien difficile pour ces réponses, nouvelles et plus vastes, de parvenir jusqu'à vous. Prenez n'importe quelle question restée sans solution, et cessez d'y penser pendant une semaine. Une fois que la question est posée, il est important de la laisser partir. Si vous pouvez considérer une situation définie et ne plus y penser durant un seul jour, vous découvrirez ensuite une énergie complètement nouvelle autour de cette situation.

Une autre manière d'amener l'inconscient vers le connu consiste à travailler autour de vos images, tranquillement assis. Si vous ne cessez d'osciller autour d'une solution, cela signifie qu'aucune réponse ne convient. Lorsque vous détenez la réponse juste, il ne subsiste aucune hésitation. Vous pouvez trouver la solution en vous imaginant que vous êtes en train de la trouver. Si vous ne comprenez pas pourquoi certains événements se produisent, alors imaginez-vous comprenant cela facilement et rapidement. Vous pouvez retourner dans votre passé pour vous remémorer ces moments où vous compreniez les situations à l'instant-même où elles se produisaient.

Tout ce qui arrive dans votre vie provient d'une image que vous avez de vous-même. Les images que vous émettez attirent les situations que vous vivez. Ces images sont disponibles à votre conscience. Vous pouvez changer toute situation en transformant la vision que vous avez de vous-même.

Si vous vous asseyez quelques minutes à écouter une musique relaxante et en ne pensant qu'à la situation du moment, vous vous verrez la traverser rapidement, et ensuite, vous pourrez la laisser partir, sans avoir besoin de la ruminer sans cesse. A des niveaux de conscience plus élevés, certaines qualités sont nécessaires, et notamment la concentration. Si votre mental pense sempiternellement à trente-six choses en même temps, il mettra plusieurs semaines pour en venir à bout. Si vous vous apercevez que vous pensez à trop de choses en même temps et qu'alors vous vous sentez sous pression, dispersé, préoccupé, ou si vous pensez que vous n'avez jamais le temps, cela signifie que votre mental s'affaire à trop de choses en même temps. Chaque instant contient ses buts élevés, de même que chaque personne que vous rencontrez. Si vous êtes disposé à vous ouvrir à des niveaux d'énergie plus élevés, vous pouvez le faire en augmentant le temps que vous passez au présent.

Vous pouvez prendre conscience, lorsque votre énergie est basse, de ce qui vous y a amené. Je vais vous dire ce qui abaisse l'énergie: parler de choses superficielles ou négatives; lire des articles dans les journaux et les magazines qui parlent de souffrances et de luttes, sans véritable raison; oublier d'écouter son corps - ne pas se reposer lorsqu'il est fatigué, ne pas s'activer lorsque l'énergie est présente; penser au passé et à vos blessures d'alors; avoir peur du futur.

Vous augmentez votre énergie lorsque vous faites ce que vous ressentez. Si vous vous êtes fixé le but de faire une chose déterminée et qu'ensuite vous sentez vouloir faire autre chose, vous augmentez votre énergie en arrêtant votre programme et en vous adonnant à ce dernier but. Vous pouvez alors penser que votre but a changé, ou bien trouver dans ce changement l'occasion de recharger votre enthousiasme.

En vous centrant sur ce qui est bon chez les autres personnes, vous permettez à celles-ci de s'épanouir au mieux

Il existe différentes manières d'élever votre énergie. Commencez par porter attention sur ce que vous dites aux autres personnes. Les élevez-vous ? En avez-vous une vision très noble ? C'est dans la direction que vous désignez que cela se développe - si vous vous centrez sur la faiblesse des autres, magnifiant dans votre mental ce qui ne va pas chez eux, c'est cela qui grandira. Si vous êtes dans une situation déplaisante, plus vous pensez que cela ne vous plaît pas et plus vous créez cela.

Lorsque deux personnes tombent amoureuses l'une de l'autre, elles ne voient que le meilleur chez l'autre et se tiennent à cette vision. Soudain, elle prennent conscience qu'elles peuvent réaliser de nouvelles choses et voient leurs vieux schémas négatifs disparaître. Vous pouvez aider grandement les autres en les visualisant dans le succès, la joie et l'abondance.

Soyez conscient de l'image que vous donnez de vous lorsque vous parlez aux autres

Parlez-vous de prospérité, de joie et d'abondance, ou bien parlez-vous de douleurs, de problèmes et de soucis ? Les autres personnes créent des images de vous lorsque vous leur parlez. Vous pouvez penser que lorsque vous parlez aux autres personnes de votre vie d'abondance, alors qu'il n'en est pas ainsi, vous êtes en train de mentir; et pourtant je vous dis que si vous parlez à tout le monde de l'abondance de votre vie, très rapidement vous serez dans la vérité! Regardez vos paroles et votre énergie au long de la journée. Dès que vous sentez que votre énergie diminue, que le doute s'installe dans votre mental, que vous n'êtes pas content de vous, arrêtez tout. Prenez une profonde respiration et cherchez en vous-même une image élevée. Vous émettez sans cesse des images auxquelles les gens se connectent et répondent.

Si vous voulez savoir pourquoi quelque chose vous arrive, soutenez cette croyance que vous savez vraiment pourquoi. Il est important d'apprendre le pardon, parce que chaque fois que vous réveillez une mémoire négative - qui vous met en faute - vous la créez aussi pour le futur. En période de crise, un nouveau soi est en train de naître, un «bébé-soi», un soi qui vient juste de se manifester par cette crise. Tel un enfant n'ayant peut-être pas toutes les capacités de faire les choses parfaitement et avec grâce, ce soi grandit pourtant à chaque instant. Vous ne lui faites pas un cadeau en revenant en arrière et en lui envoyant des images de sa faute.

Tout ce que vous faites n'a pour but que d'apporter plus de lumière dans votre vie

Si vous fouillez dans des moments difficiles du passé, vous prendrez conscience qu'un nouveau soi, une nouvelle partie de vous-même, était alors en train de naître. Il s'agissait d'une partie plus forte, plus claire, et plus en rapport avec votre vie, votre vérité et votre croissance.

Si vous vivez actuellement une période de crise, un défi ou un dilemme, c'est alors que vous préparez la naissance d'un nouveau soi. Vous évoluez toujours vers la lumière. Vous avez peut-être cru que vous n'avez pas fait ce qu'il y avait de mieux pour vous, aussi, il est important de retourner vers ce passé pour transformer la vision que vous en avez, afin de vous libérer, de vous pardonner et de reconnaître ce que vous avez appris. Portez votre attention sur les qualités que la situation a développées ou développe en vous. Cela peut vous conduire à une vérité plus profonde, ou bien vous révéler ce que vous désirez vraiment, en vous faisant expérimenter ce que vous ne voulez pas. Vous pouvez apprendre à voir votre propre lumière et à devenir plus puissant, décidé et centré. Ce que vous pensez ne pas encore être, vous le travaillez afin de le devenir. Quoi que vous demandiez maintenant, vous le recevrez, même si c'est sous une forme inattendue.

Regardez l'énergie des personnes qui s'adressent à vous. Regardez les mots qu'elles utilisent, et si votre énergie s'abaisse ou s'élève. Faites attention aux sujets de vos entretiens. Vous noterez que certains sujets augmentent votre énergie alors que d'autres l'abaissent. Vous pouvez toujours changer le sujet d'une conversation afin d'élever le niveau de l'échange. Notez les pensées qui passent dans votre mental à ce moment-là. Les pensées qui occupent le mental au moment de votre mort, quelles qu'elles soient, vous dirigent ensuite. A quoi pensez-vous au long de la journée ? Combien de temps pensez-vous à votre vision la plus élevée, à votre soi le plus élevé ?

Pour amener le subconscient
au soi le plus élevé, regardez chaque partie
de votre vie et questionnez-vous:
"Quelle est ma vision la plus haute ?"

Vous pouvez penser que vous devez vous investir dans tous les détails quotidiens de votre vie, et pourtant vous pouvez faire cela sans effort si vous restez centré sur votre vision la plus haute, sur votre chemin le plus élevé. Regardez votre niveau d'abondance pour voir jusqu'à quel point vous permettez à l'univers de vous donner. Existe-t-il un moyen d'augmenter ces bénéfices ? Il est très important de trouver vos motivations les plus profondes. Si vous désirez plus d'argent, précisez-en le but. Qu'obtiendrez-vous, avec l'argent, que vous n'avez pas encore ? Si vous désirez quelque chose, quelles en sont les motivations ? Si vous connaissez vos motivations, vous connaîtrez la force directrice qui réside derrière vos actions. La motivation est la force directrice qui peut vous procurer tout ce que vous désirez. Vous pouvez dire: «Si j'avais cette voiture, ou ce travail, ou cet homme, je serais heureuse». Inutile d'entrevoir la face cachée des cartes. Si vous connaissez les motivations les plus profondes qui vous poussent à avoir quelque chose, vous obtiendrez ce que vous désirez de multiples manières. Vous pouvez souhaiter plus de sécurité ou plus de plaisir, être plus détendu, désiré ou bien recevoir davantage. Lorsque vous êtes en contact avec l'essence de votre désir, vous pouvez le réaliser de différentes manières. Si vous ne vous fixez pas sur une manière spécifique de recevoir ce que vous désirez, l'univers peut véritablement vous apporter l'abondance de multiples façons.

Lorsque vous essayez de résoudre un problème, vous avez deux solutions - vous pouvez demander à votre soi le plus élevé de vous donner une vision plus élevée du problème, ou bien vous pouvez abandonner le problème à votre soi le plus élevé et lui demander de s'en charger pour vous. La meilleure solution vient du soi le plus élevé.

Il est important de créer des images nouvelles et plus élevées de vous-même. Demandez à vos amis de vous visualiser dans le succès et la réussite. Si vous ne créez pas de nouvelles images dans votre mental, vous serez tenté par vos anciennes manières de penser. Si vous vous nourrissez de nouvelles et joyeuses pensées, comme les voyages, le temps libre, l'amour, un corps physique plus solide ou plus mince, vous n'aurez pas le temps de penser à votre passé, à vos peines et vos petites préoccupations.

En faisant évoluer ces images, vous faites aussi évoluer l'énergie que vous sentez. Vous pouvez contrôler l'énergie avec laquelle vous entrez en contact. Si certaines personnes parlent de vous d'une manière ne correspondant pas à vos visions les plus élevées, ou cultivent des pensées peu honorables à votre égard, plutôt que d'être ouvert et de recevoir leurs images, commencez à émettre vers elles de nouvelles images. Si vous voulez qu'elles vous voient fort et puissant, envoyez-leur une image de vous-même fort et puissant. Si vous pensez à vos fautes, vous émettez une telle image, et elles trouveront de nouvelles manières de vous mettre en faute.

Voyez chaque personne en expansion, en pleine évolution et alors, vous vous verrez ainsi. Commencez à émettre des images positives envers les autres. Voyez-les atteindre leurs buts et réussir. Vous pouvez prendre la responsabilité d'émettre des images élevées de vous-même comme des autres.

Voyez la pierre précieuse qui sommeille en chaque être

Reconnaissez ceux que vous rencontrez, parlez de leur progrès, de leur évolution et de leur beauté. S'ils désirent vous donner une image négative de leur vie, ne les prenez pas en sympathie mais ressentez de la compassion et aidez-les à voir les cadeaux que la situation leur offre. Si vous entendez des personnes parler de choses négatives, immédiatement envoyez-leur des images positives et changez de conversation.

Gardez bien l'image de votre but le plus élevé, ainsi les pensées et les images présentes à votre mental vous conduiront dans cette direction. Vous vous demandez si les images que vous captez dans votre mental sont la vérité ou un ensemble monté de toutes pièces. Lorsqu'arrivent des images concernant votre voie, vous pouvez vous demander si elles révèlent ce que vous devez faire ou s'il s'agit simplement d'un souhait ou d'une information incorrecte.

Si vous demandez une guidance,
faites confiance aux messages
qui vous viennent à l'esprit

Quelquefois, ils peuvent être simples, vous indiquant le prochain pas à faire. Cela peut être tout aussi ordinaire que d'aller à la poste ou d'écrire une lettre. Pour certains, vous aimeriez connaître votre chemin bien longtemps à l'avance, et pourtant si vous le connaissiez, cela ne pourrait être que dans une forme approximative, et peut-être limitative. Vous seriez submergés et ne sauriez plus par où commencer. Vous pourriez penser que ce n'est pas tellement amusant de connaître son futur. Si vous désirez plus que ce que vous avez pour l'instant, vous pouvez le recevoir en faisant confiance. Une fois que vous êtes déterminé à recevoir en abondance, vous recevez beaucoup plus que vous ne l'aviez imaginé. Si vous voulez savoir ce que vous devez faire de votre vie et que cela ne vous vienne pas, c'est simplement une question de temps. Vous avez peut-être besoin de vous préparer à cette vision. Vous pouvez amener à votre conscience tout ce que vous désirez. Si vous vous sentez bloqué, vous pouvez trouver les réponses en les demandant. Vous pouvez faire évoluer toute situation en visualisant la lumière et vous pouvez abandonner tout problème à l'univers afin qu'il le résolve au mieux.

Quelquefois, la plus grande joie peut venir de la sensation que vous n'êtes pas seul, sachant que lorsque vous demandez conseil et aide, tout est là pour cela. Si vous êtes prêt à communier avec l'univers, vous pouvez avoir tout ce que vous désirez. Vous n'êtes pas seul, si vous restez centré sur votre but le plus élevé; toutes les portes demeurent ouvertes. L'univers vous donne idées et assistance. Vous êtes alors en contact avec des personnes prêtes à vous aider, soit avec de l'argent,soit avec des conseils, de l'amour ou du soutien. Engagez-vous à cela; faites-le dès maintenant. Trouvez votre but le plus élevé. En gardant cette vision stable, vous restez ouvert aux surprises.

Vous savez ce que signifie s'aimer davantage. Pour certains, c'est avoir un meilleur travail, ou résoudre un problème. Si vous voulez vous aimer davantage, le premier défi consiste à voir si vous pouvez faire progresser l'image que vous avez de l'amour que vous vous portez. Tout ce qui pouvait exprimer cet amour de vous-même il y a deux ans, vous devez probablement le posséder maintenant. Pourtant, d'une certaine manière, lorsque cela s'est manifesté, vous n'avez peut-être pas senti autant d'amour que vous en attendiez. Trouvez ce que vous désirez maintenant et interrogez-vous: "Quelle est l'essence de cela ?" Si vous désirez, par exemple, un nouvel endroit pour vivre, sachez quelle est l'essence de ce désir. Que voulez-vous réellement ? Cela peut être la paix et la tranquillité, ou plus d'ensoleillement. Vous pouvez obtenir cela immédiatement, de différentes manières.

Chaque fois que vous pensez au futur, vous y projetez de l'énergie, même si vous marmonnez des phrases telles que : "Je n'y arrive jamais", ou "Je ne sais pas pourquoi cela m'est arrivé", ou "J'aurais souhaité ne pas le faire". Chacune de ces remarques émet de l'énergie, en direction du passé, du présent ou du futur. Si vous pouviez être conscient, ne serait-ce que d'une centaine des pensées que vous émettez vers le futur, et si vous pouviez faire évoluer ces pensées, en un mois vous connaîtriez des plaisirs qui dépassent tout ce que vous pouvez imaginer aujourd'hui. Chaque remarque que vous faites, sur un ami ou sur vous-même, devient une vérité. Vous projetez de l'énergie sans cesse, à chaque instant. Si vous désirez un futur meilleur, visualisez-le, partagez-le avec les autres. Vous seul, pouvez créer ce que vous désirez. C'est le plus grand pouvoir, le plus grand honneur et le plus grand cadeau qui vous ait été donné.

1) Choisissez une situation de votre vie que vous voudriez comprendre, afin simplement de voir pourquoi vous l'avez créée, ou bien ce qu'elle vous enseigne. Ecrivez-la ici:

2) Asseyez-vous tranquillement, détendez-vous et fermez les yeux. Imaginez que vous avez la situation entre les mains. Imaginez que la lumière baigne cette situation et abandonnez-la à votre soi le plus élevé. Regardez-vous recevoir les réponses. Ne pensez à rien d'autre qu'à cette situation pendant cinq à dix minutes.

3) En quoi cette situation grandit-elle votre pouvoir personnel ? Que vous enseigne-t-elle ? Quelle qualité d'âme y développez-vous (telle que l'amour, la patience, la tolérance, la confiance) ? En comprenant cette situation, vous la traverserez plus rapidement.

7

LIBERER VOTRE VERITABLE SOI

Vous portez de nombreuses images de vous-même dans la matrice énergétique qui entoure votre corps. Quelles sont ces images ? Ce sont des images de la réalité que vous concevez dans votre mental. Vous les utilisez comme modèle pour juger si vous êtes bien ou mal, pour décider de vos actes et de vos paroles, et pour choisir vos relations. Elles créent aussi vos frontières, vos limites et déterminent jusqu'où vous pouvez aller. La vie est un voyage qui commence dans l'obscurité et se poursuit vers la lumière; en développant vos images vous pouvez mettre plus de lumière dans votre vie.

Chacun de vous a ses propres définitions de la vie. Vous pouvez vous concevoir comme un être solide, acharné au travail, intelligent, agréable, généreux, doux, amical. Vous créez vos expériences de la réalité d'après les images que vous avez de vous-même en tant qu'homme ou femme. Vos images spécifiques déterminent vos limites. Si vous considérez que vous êtes généreux, vous vous devez d'être généreux tout le temps, ou bien vous vous jugerez sévèrement lorsque vous ne le serez pas.

Votre définition de vous-même
en tant qu'homme ou femme
influence considérablement votre comportement

Généralement, les images de la femme évoquent le service, le soin aux autres, la responsabilité des relations, la gentillesse, le besoin de plaire, et les images de l'homme évoquent la force, l'autorité, et aussi le fait d'ignorer ses sentiments.

De nombreux points de vue de la réalité proviennent de la religion. Pour un instant, arrêtez-vous et regardez en vous. Retournez à votre enfance et voyez quelles images vous gardez en vous sur la nature de l'univers, en rapport avec votre religion. Vous pouvez penser à un Dieu qui vous punit lorsque vous êtes mauvais et qui vous récompense lorsque vous êtes bon. Vous pouvez avoir peur de la partie sombre de vous-même. Vous pensez peut-être que vous n'avez pas de religion, et pourtant chacun a une orientation religieuse, même si cela se résume à la croyance en votre intuition et en votre soi créatif. Les croyances religieuses ou philosophiques font partie des images les plus fortes que les gens gardent; elles déterminent ce que vous pensez de la nature de l'univers et votre façon d'y répondre. Imaginez-vous d'être récompensé si vous êtes bon ? Pensez-vous que certains types de comportement sont bons et d'autres pas ? Ces idées viennent le plus souvent de votre éducation religieuse.

Vos parents vous ont transmis beaucoup de leurs propres images. Vous avez choisi vos parents pour les images qu'ils devaient vous donner; ces images amènent à la conscience le soi intérieur et extérieur que vous avez choisi de travailler au cours de cette vie. Pensez à vos parents pendant quelques instants. Qui sont-ils ? Pensez à certaines de leurs croyances à propos de l'argent et de l'abondance. Que ressentez-vous à propos de ces croyances ? Sont-elles bonnes ou mauvaises ? Pensez à ce que vos parents ressentent, ou ont ressenti, à propos de leur relation amoureuse. Choisissez le parent du même sexe que vous; quelles sont ses croyances sur le fait d'être un homme ou une femme ? Partagez-vous ces images ? Pensez au parent du sexe opposé; quelles sont ses images ? Ne recherchez-vous pas ces schémas dans vos relations ?

Imaginez que vous êtes au centre d'un cercle et que toutes les personnes qui vous sont proches se trouvent à la périphérie. Chacun de vos amis a une image de la personne que vous êtes. Alors que vous êtes ainsi au centre du cercle, permettez-vous de prendre conscience des images que vous recevez de ces différents amis. Supposez que vous êtes face à quelqu'un de très cher - votre mari, votre femme, un ami ou un amant. Qui est cette personne ? Quelles images adressez-vous à cette personne ? Alors que vous pensez à ce que vous émettez, regardez maintenant l'âme de cette personne et demandez-vous si les images que vous émettez peuvent aider cette personne à se développer. Vous pouvez aider les autres personnes à évoluer en vous centrant sur leur potentiel. Quelles images aimeriez-vous que cette personne ait de vous ? Visualisez-la en train d'émettre vers vous ce genre d'images.

Portez attention aux images
que vous envoyez aux autres personnes.
Par ces images, êtes-vous en train de
les retenir ou bien de les aider à évoluer ?

Les autres reçoivent les images que vous avez d'eux. Souvent, les relations anciennes ne peuvent survivre parce que les personnes impliquées dans la relation ne veulent pas changer les images qu'elles ont les unes des autres. L'un peut encore garder l'image de l'autre - un être immature et irresponsable - bien longtemps après que celui-ci ait décidé de changer de comportement. Et, à cause de cette image, il est plus difficile pour cette personne de changer. Vous avez tous vécu cette expérience avec vos parents, qui ont pu garder d'anciennes images de vous-même. Et alors, en leur rendant visite, tout en ayant une nouvelle image de vous, une force nouvellement trouvée, plus de maturité, il arrive qu'en moins de cinq minutes vous agissiez selon vos anciens rôles immatures. Au lieu d'être mécontent de vous-même, utilisez cette occasion pour voir les images que vos parents gardent de vous, et comprenez combien vous pouvez être affecté par les visions que les autres personnes portent de vous.

A la minute où vous prenez conscience des images que les autres ont de vous, envoyez-leur par télépathie une nouvelle image. Souvent, vous acceptez leurs images sans broncher, et non seulement vous les acceptez mais vous agissez en accord avec elles. En faisant ainsi, vous vivez des histoires écrites par d'autres, plutôt que de vivre les vôtres. Vous dansez sur leur scène. Aussi longtemps que vous ferez cela, il sera négatif de garder dans votre entourage des personnes qui n'ont pas de hautes images de vous-même. Mais, dès que vous aurez appris à voir leurs images, vous pourrez commencer à changer leurs images en leur envoyant de nouvelles images de vous-même. Ensuite, vous pourrez profiter de leur compagnie sans être affecté par leurs images - si vous choisissez d'être en leur compagnie.

Un des moyens de vous débarrasser de l'emprise d'une image intérieure rigide consiste à l'exagérer dans votre mental. Par exemple, vous vous critiquez d'agir comme un enfant en présence de vos parents, ou bien vous tombez dans d'anciennes habitudes. Plutôt que de résister à être comme cela en présence de vos parents, exagérez-le dans votre mental. Jouez réellement comme si vous étiez un enfant. Cela vous permet de voir clairement ce que sont ces images. En exagérant ces images, vous cesserez d'y échapper ou de les fuir, et elles cesseront de vous contrôler. Souvent, lorsque vous exagérez un certaine attitude, votre humour s'en mêle et vous libère de l'emprise de cette attitude.

Vous pouvez transformer ou éliminer les pensées obsédantes et les images qui reviennent sans cesse dans votre mental. Il peut s'agir d'images douloureuses, de souvenirs du temps passé lorsque quelqu'un vous a abandonné, blessé ou lorsque vous n'avez pas obtenu ce que vous vouliez. De nombreuses personnes ont ce flot constant d'images négatives. Cela vient essentiellement de l'image culturelle du manque, véhiculant l'idée qu'il n'y a pas assez, que vous devez travailler dur et lutter pour obtenir ce que vous désirez, et que le succès des autres vous enlève le vôtre. Je vois des êtres s'unir pour changer cette image. Les pionniers du Nouvel-Age, ces personnes qui apprennent la transformation spirituelle, la haute conscience et l'amour, travaillent de sorte à répandre dans le monde des images nouvelles, plus élevées, plus lumineuses, incluant des images d'abondance.

Il est plus facile de saisir des images que des mots

En tant qu'enseignant spirituel, j'émets sans cesse de l'énergie, envoyant des images d'amour et de paix par mes pensées-impulsions. Si vous désirez que quelqu'un change, envoyez-lui des images nouvelles. Par exemple, si vous désirez qu'une personne soit plus efficace, plutôt que de la critiquer (ce qui émet une image négative et donc renforce le comportement que vous voudriez voir se transformer), imaginez que cette personne est efficace. Au lieu de souligner le manque de résultats de cette personne, reconnaissez et appréciez chaque accomplissement que vous souhaiteriez voir se reproduire. Par vos images, vous aidez cette personne. Et, que la personne se transforme ou pas, vous remarquerez que l'énergie est plus légère dans vos rapports avec elle.

Les pensées obsédantes et les sentiments liés aux relations, tels que la jalousie ou la peine, affectent votre aura émotionnelle - très souvent sous-développée par rapport à votre mental. On vous a appris à valoriser votre mental et votre intellect plus que vos émotions; aussi vous portez plus d'attention à développer le mental que les émotions. Etes-vous libre de l'emprise de vos émotions ? Il est essentiel que vous preniez conscience des images que vous véhiculez dans votre mental. Lorsque vous reproduisez sans cesse une image négative, c'est simplement parce que vos émotions réclament plus d'attention, d'aide, et surtout d'amour. Par exemple, si vous vous sentez particulièrement jaloux, et que vous imaginiez sans cesse votre bien-aimée en compagnie de quelqu'un d'autre, cela signifie qu'une partie de vous se sent rejetée et abandonnée par votre soi le plus élevé.

Votre âme intègre toutes les parties qui existent en vous pour les élever vers une conscience plus haute. Les images obsessivement douloureuses ne sont qu'une plainte lancinante de cette partie de vous-même qui attend intensément d'être nourrie, aimée et unie à votre soi le plus élevé. Si vous saisissez cette partie qui vous adresse les images négatives, transformez ces images en symboles. Si quelqu'un vous provoque, voyez qu'il symbolise une énergie présente en vous-même. Imaginez qu'il représente une partie de vous qui repousse au loin votre soi le plus élevé; alors, imaginez-vous embrassant et aimant cette partie de vous.

Chaque être a une partie en lui qui ne désire pas être lumineuse, joyeuse et élevée, dans ses images ou pensées. Prenez cette partie et imaginez que vous l'exposez à la lumière du soleil, la laissant respirer un air frais; visualisez la lumière entrant dans votre partie sombre et obscure. En quelques heures, vous sentirez moins la négativité. Chaque fois que vous empêchez cette partie de prendre le dessus, vous renforcez votre volonté et augmentez votre connection avec votre plus haut soi.

Des croyances telles que: "Je suis un être bon"-"Je suis spirituellement engagé"-"Je suis une personne pleine d'amour"- déterminent votre comportement et vous limitent en même temps. Si vous vous définissez par une image fixe, telle que "Je suis une personne gentille", vous serez constamment à juger si ce que vous faites est gentil ou non. Si la gentillesse a une définition précise pour vous, telle que: "une personne gentille dit toujours merci", et si une personne que vous aimez bien ne vous dit pas merci, vous allez devoir, soit changer votre définition de la gentillesse soit juger cette personne comme n'étant pas gentille. Une image trop rigide vous enferme dans le monde des polarités: ce qui est juste s'oppose à ce qui est injuste, et ce qui est bien à ce qui est mal. Donnez des définitions ouvertes sur vous-même et sur les autres. Examinez et débloquez vos images, laissez-les devenir souples et ouvertes plutôt que rigides et fermées. Tant que vous comparerez vos actions aux images de ce que vous devriez être, vous resterez prisonnier du monde des jugements et vous serez incapable d'évoluer vers des niveaux plus élevés.

Pour libérer ces images, prenez-en conscience. Honorez votre conscience. Le temps que vous passez à vous analyser, dans un état de paix, amènera votre inconscient à la conscience; c'est par ce processus que l'évolution se fait. Chaque fois que vous rencontrez une image de vous-même négative ou limitative, imaginez la lumière venir en elle. Vous n'avez pas besoin de faire autre chose - si vous désirez y mettre plus d'énergie, vous pouvez trouver un symbole et jouer avec jusqu'à la guérir. En imaginant simplement la lumière venir dans cette image, celle-ci sera transformée. Utilisez votre imagination avec conscience.

Que voulez-vous ? Vous pouvez passer un temps considérable à penser à ce que vous ne désirez pas, emplissant votre mental et votre esprit d'images de tous les accidents ou injustices vécus. Chaque fois que vous visualisez ces images dans votre mental, vous les adressez réellement à votre futur pour les créer à nouveau. Les choses négatives ne se produisent qu'afin de vous révéler une image que vous gardez et qui n'est pas en accord avec votre meilleur. Remerciez tout ce vers quoi vous répondez de façon négative, tout ce que vous voyez comme un problème, parce que cela porte votre attention vers la partie de vous-même qui a besoin d'être guérie et de recevoir plus de lumière.

Utilisez votre imagination pour visualiser le chemin d'harmonisation le plus élevé que vous puissiez prendre, afin de créer la vision du but de votre présence ici-bas

Questionnez-vous : "Que puis-je faire de plus spirituel dans ma vie ?" Au-delà des formes que vous créez, quel est votre but le plus élevé ? Quelle est la chose la plus importante que vous voulez accomplir ? Cela peut être de développer votre âme; vous désirez peut-être évoluer aussi rapidement et aisément qu'il est possible de le faire, ou bien vous désirez diffuser la santé autour de vous. Chaque jour, regardez cette image. Allez aussi haut que vous le pouvez avec votre imagination. Rêvez de votre vie parfaite. Plus haut vous irez, plus vite disparaîtront les images et les formes-pensées qui ne correspondent pas à votre chemin d'évolution. Ne vous contentez pas de pousser votre futur à un an ou deux, mais allez jusqu'à cette question : "Quelle peut être ma plus haute réalisation au cours de cette vie ?" Ne vous souciez ni de la forme ni des moyens pour l'accomplir. Chaque fois que vous créez une image, une vision, vous ouvrez la porte à une image encore plus grande. Gardez l' image devant vous. Laissez l'énergie de cette image entrer dans votre corps. Prenez conscience de la lumière présente en toute chose que vous accomplissez; ainsi, vous vous développerez rapidement dans cette vie.

Sachez que les autres personnes vous reflèteront chaque image que vous portez en vous. Si elles disent quelque chose de négatif à votre égard et provoquent une réponse forte, remerciez-les de vous avoir renvoyé une image de vous-même qui avait besoin d'être changée.

Lorsque vous portez en vous des images telles que : "Je suis puissant"-"Je m'aime et je m'estime"-"J'ai tout l'argent nécessaire"-"J'ai tout l'amour dont j'ai besoin"... ces images vous reviennent. Consciemment, envoyez aux autres des images élevées. Gardez une image de votre soi le plus élevé dans tout ce que vous faites. Honorez le soi le plus haut en chaque personne que vous rencontrez et vous verrez qu'il sera honoré en vous.

1) Décrivez-vous en autant de mots que vous le désirez. Par exemple : "Je suis une personne spirituellement engagée" ...

2) Maintenant, ouvrez cette description. Donnez une image encore plus étendue de vous-même. Parlez de vous dans les termes les plus élogieux, les plus chaleureux, en restant dans la vérité bien entendu. Faites cette description aussi élevée et pleine d'amour que possible.

3) Notez comment vous vous sentez après avoir écrit la seconde description. Plus vous vous regardez d'un point de vue élevé, plus vous percevez avec précision qui vous êtes.

8

TROUVER SA VERITE

Cette vie sur Terre est un voyage vers les niveaux les plus profonds de la vérité. Chaque situation confuse ou pénible, dans votre vie, est une opportunité pour apprendre à être vrai avec votre âme.

Vous jouez différents rôles et vous expérimentez différentes vérités selon les moments. Vous avez peut-être répété votre discours, mais lorsque vous êtes face à la personne, vous dites tout autre chose. Aussi, vous posez la question : "Qu'est-ce-que la vérité ?" Ce qui est vrai à un moment peut ne plus l'être au moment suivant. Est-que la vérité est un fluide ou bien existe-t-il une vérité immuable ? Chacun de vous est un fluide, au niveau de personnalité, de l'identité. Votre âme - votre centre- contient cette vérité plus profonde.

La compassion est la capacité de se mettre à la place des autres

Trouver la vérité, c'est partir de votre coeur pour s'approcher de votre âme. Trouver la vérité signifie porter chaque situation à la lumière. Qu'est cette lumière ? Elle provient, avant tout, du coeur et réside à un niveau profond de compassion. En développant la compassion, vous développez cette capacité à prendre vos racines dans votre vérité profonde. Vous connaissez tous des êtres qui vous chagrinent parce qu'ils ne vous respectent pas. Vous voudriez peut-être recevoir quelque chose qu'ils ne vous donnent pas, que cela soit en affaires ou à un niveau plus personnel. La situation peut toujours être maîtrisée en regardant cela d'un niveau profond de compassion.

Vous pouvez dire : "Quel bénéfice existe-t-il à être en connection avec cette profonde vérité ? Je pense que je risque de me faire rejeter et je vais m'arranger à faire comme d'habitude". Le bénéfice, c'est la joie, la paix et la sérénité, auxquelles beaucoup d'entre vous aspirent.

La vérité peut avoir son origine au niveau des sentiments. Combien de fois, en téléphonant à quelqu'un sous l'impulsion d'un désir, avez-vous entendu cette personne dire qu'elle pensait à vous à ce moment-là et qu'elle était justement disponible ? Combien de fois avez-vous ressenti que ce n'était pas le moment de passer un coup de téléphone mais, ignorant cette impression, vous avez téléphoné pour constater alors que l'énergie ne passait pas très bien avec votre interlocuteur ou bien que la personne n'était pas chez elle ? Vous avez tous la possibilité de vous accorder avec sensibilité à l'énergie et à votre vérité intérieure. Comment pouvez-vous trouver cette vérité intérieure profonde ? Comment pouvez-vous sortir de toutes ces images dans lesquelles vous vivez et de tous les rôles que vous jouez ?

Vous n'avez pas besoin de souffrir et de lutter pour grandir

La porte d'entrée vers la vérité profonde est la prise de conscience. Il faut prêter attention et conserver la vision de cette vérité. Plus vous agissez avec intégrité, plus vous évoluez.

Chaque situation de votre vie en appelant à votre vérité, ou demandant d'atteindre des niveaux plus profonds de votre être, est une opportunité à évoluer. Plus vous expérimentez la douleur et la lutte, et plus votre énergie est purifiée lorsque vous êtes en contact avec vos niveaux les plus profonds. Remerciez ces situations qui semblent douloureuses et difficiles. Sachez qu'elles sont des opportunités à atteindre une vérité plus profonde. Elles ne sont pas une vérité qui peut vous diviser, vous apporter colère, vengeance ou justification, ou bien culpabiliser l'autre face à votre bon droit, et vice-versa, mais une vérité qui vous permet d'être en contact avec un niveau plus profond. Pour élever votre énergie, entrez en vous-même et demandez-vous si vous ne retenez pas la vérité sur ce que vous ressentez ou pensez d'une autre personne. Si vous ne vous autorisez pas à regarder la vérité, d'autres personnes seront sur votre chemin jusqu'à ce que vous soyez en contact avec cette vérité la plus profonde.

Par exemple, vous avez peut-être toujours désiré l'affection et l'attention de votre partenaire; vos relations n'ont pas comblé ces désirs profonds et vous pensez que vous n'en avez pas besoin. Votre vérité la plus profonde, c'est que vous en avez réellement besoin; et tant que vous ne serez pas en contact avec cette vérité, pour vous en délivrer, vous vivrez dans la peine. Chaque fois que vous agissez et parlez en vérité et intégrité, vous allégez et illuminez votre énergie. Votre aura vous enveloppe comme un brouillard. Chaque fois que vous dites la vérité, l'énergie qui vous entoure devient plus fine et lumineuse, et même la lumière du soleil la traverse pour se déverser dans votre corps. Chaque situation de votre vie quotidienne est la réflexion d'une situation intérieure. Chaque personne que vous rencontrez est le symbole de l'énergie qui agit en vous. Pensez à une personne avec laquelle vous êtes en conflit. Imaginez que vous vous regardez avec les yeux de cette personne. Mettez-vous à sa place. Entrez dans votre coeur et voyez-vous, avec cette personne, enraciné à un niveau de vérité profonde et compatissante. Voyez cette personne répondre avec joie alors que l'énergie se déverse en vous et devient plus lumineuse. Si vous avez éprouvé de la colère ou du ressentiment envers quelqu'un et que vous établissez un lien avec votre vérité profonde, vous pouvez peut-être comprendre que vous vous sentiez en compétition avec cette personne ou que vous l'aimez réellement, même si elle vous déçoit. A partir de là, vous pouvez abandonner toutes vos blessures et parler à cette personne avec amour.

Chaque personne et chaque événement vous offrent la possibilité de purifier votre énergie, de vous développer et d'atteindre de plus hautes cimes. Votre plus grande récompense, c'est de voir la situation clarifiée au point de n'avoir plus jamais besoin d'y revenir. Personne ne peut vous blesser, à moins que vous ne vous blessiez vous-même. Personne ne peut vous trahir, vous dévaluer ou vous mépriser, sinon vous-même par manque d'estime et d'amour.

Vous possédez le plus grand des pouvoirs, celui de vous soigner vous-même

Lorsque vous vous soignez, tout ce qui, à l'extérieur, représente votre lutte intérieure se dissout. Vous pouvez vous guérir en disant toujours la vérité, avec profonde compassion. Par exemple, vous pouvez penser d'une personne qu'elle ne prête aucune attention à vos sentiments. En regardant un peu plus profondément, vous pouvez constater : "Elle est juste elle-même et elle n'est pas très consciente des sentiments des autres personnes, pas seulement des miens", ou bien "Elle est malheureuse et elle ne sait pas qu'elle me fait de la peine". Si vous regardez avec un peu plus d'attention encore, vous voyez que vous l'avez laissée vous traiter de cette manière, que vous n'accordez pas assez de valeur à vos propres sentiments non plus, que de nombreuses fois vous avez eu envie d'élever la voix. Vous pouvez continuer à regarder encore plus profondément jusqu'à ce que vous vous sentiez libéré de cette peine et rempli d'acceptation pour l'autre personne.

Observez les différentes personnalités qui existent en vous. L'une est très forte, l'autre observe tout ce que vous faites avec détachement, une autre demeure encore jeune et émotive, et une autre encore est très sage. Si un événement particulier se déroule dans votre environnement, vous pouvez être sûr qu'un événement bien particulier se déroule aussi en vous, entre les différentes parties de vous-même.

Une femme s'était sentie trahie par une de ses amies lorsque celle-ci divulgua un secret. En examinant de plus près la situation, elle comprit qu'elle-même trahissait son véritable soi de multiples manières; cet événement extérieur lui révélait comment elle se traitait.

Vivre dans la compassion signifie vivre dans la vérité. Combien de fois répétez-vous dans votre mental ce que vous voulez dire à quelqu'un pour vous justifier, pour lui dire que vous êtes génial et que vous avez raison ? Chaque fois que vous vous surprenez à rabâcher mentalement une situation (comme vous le faites tous, encore et toujours), questionnez-vous : "Puis-je me placer à un niveau plus profond de vérité ?" Vous pouvez toujours trouver une manière de témoigner plus d'amour, de compréhension et de compassion.

Trouver votre vérité la plus profonde signifie aller en vous-même. Pour cela, vous devez arrêter de blâmer les autres, ne plus jouer le rôle de victime et ne plus passer votre temps à vous plaindre. Lorsque vous observez une situation d'un peu plus près, vous pouvez toujours comprendre en quoi vous l'avez créée pour votre évolution. Lorsque vous vous sentez victime d'une situation, vous suspectez ce qui se passe, mais vous écartez cette occasion de changer les choses.

Si vous regardez plus attentivement ce qui vous gêne vraiment, je vous propose cette pensée : "Rien de ce qui me dérange n'est causé par ce que je crois". Par exemple, vous pouvez être contrarié d'être accusé injustement par votre ami. Après examen plus attentif, vous comprenez que cela n'est que la re-création d'une peine passée, rejouée sans cesse à des moments différents avec des personnes différentes jusqu'à ce que vous la résolviez. Cela peut être une scène de votre enfance où vous aviez été accusé de choses que vous n'aviez pas faites. La peine, la colère ou le ressentiment que vous vivez dans le présent viennent presque toujours d'une expérience similaire de l'enfance. Vous recréez la douleur pour la dépasser. La prochaine fois que vous serez en colère après quelqu'un, arrêtez tout. Fermez les yeux et plongez en vous-même. Vous avez déjà vécu de telles expériences. Comprenez que vous revivez une situation de l'enfance et que vous avez, maintenant, l'occasion d'en finir avec ce schéma répétitif de votre vie et d'aller à la rencontre de votre plus profonde vérité. Comprenez que les autres ne sont là que pour jouer certains rôles afin de vous aider à évoluer. Abandonnez les colères et les blâmes que vous conservez à leur égard.

Vous avez la faculté de connaître votre vérité

La vérité, c'est que vous êtes un être merveilleux; vous avez en vous la compassion, le courage, la force et la sagesse d'être à l'ultime source à chaque instant. Vous jouez des rôles qui ne sont pas à l'image de votre grandeur, mais ce ne sont que des rôles et pas votre soi véritable.

Plus vous êtes conscient des pensées qui viennent à votre mental, plus vous contrôlez ce qui se passe en vous. Vous pouvez voir vos pensées comme des petits hommes qui montent doucement : un, deux, trois... Si vous pouvez les arrêter et les exposer à la lumière, vous trouverez de meilleures manières de penser. C'est une question d'attention et de prise de conscience, recueillant chaque pensée au passage et l'examinant pour vérifier sa véracité.

Etre dans la vérité signifie prêter attention à l'énergie. Souvent, vous ne portez aucune attention à ce qui se passe jusqu'à ce que la situation devienne si pénible que vous deviez aller en vous-même, pour méditer, penser, et vous mettre dans la peau de l'autre. C'est peut être bien pour cette raison que vous créez une telle situation. Si vous faisiez ces choses régulièrement, la vie serait plus facile. Et si, lorsque vous vous sentez mal à l'aise, vous plongiez en vous-même et ouvriez votre coeur avec compassion, les choses ne parviendraient pas jusqu'à un état de crise.

Chaque fois que vous vous répétez ce que vous allez dire à quelqu'un, vous envoyez de l'énergie vers vos interactions futures avec cette personne. Souvent, vous répétez la situation pour atteindre un niveau de compassion plus profond dans vos relations quotidiennes. Si vous pouvez faire de cela le but de vos répétitions mentales, vos relations se clarifieront et s'allègeront. Si vous répétez mentalement pour vous protéger, vous justifier ou obtenir de l'autre quelque chose, vous vous sentirez mal à l'aise dans vos communications. Vous aurez alors des communications incomplètes, gâchant votre énergie et attisant la lutte. C'est pourquoi il est préférable, lorsque vous êtes en colère, d'attendre jusqu'à ce que vous soyez en contact avec l'espace d'amour de votre plus profonde vérité, plutôt que d'agir sous l'emprise de cette colère.

Pourquoi avez-vous tant de mal à regarder les autres droit dans les yeux et à parler en accord avec votre vérité la plus intime ? Est-ce à cause de la peur de perdre ? Avez-vous peur de ne plus être aimé si vous révélez votre être véritable ? Pour certains d'entre vous, vous avez peur de votre vulnérabilité. Il est plus facile de jouer le rôle de celui qui affirme : "Je suis une personne forte et invincible, je suis parfait", plutôt que de laisser tomber les murs et de se montrer aux autres tel que l'on est. Lorsque vous n'avez rien à perdre, il est certainement plus facile d'être en harmonie avec votre profonde vérité. L'univers peut vous mettre dans des situations où vous n'avez rien à perdre pour que vous puissiez vivre l'expérience de l'harmonie avec votre plus intime vérité et ainsi clarifier vos relations. Mais vous n'êtes pas obligé d'en arriver au point où vous n'avez plus rien à perdre de dire la vérité.

Imaginez-vous en présence d'une personne avec qui vous avez quelque chose à clarifier ou avec qui vous désirez établir de meilleures relations. Voyez le visage de cette personne devant vous, ses yeux vous regardant avec une complète compréhension et compassion. Visualisez cette personne acceptant votre vérité. Mentalement, dites-lui quelque chose qui vous élève ensemble.

Lorsque vous pensez à
ce que vous allez dire à quelqu'un,
gardez en vous
l'image de votre plus profonde vérité
et entraînez-vous à vous exprimer avec amour

Chaque fois que vous répétez, vous devenez plus efficace, plus confiant, et vous pouvez même trouver une meilleure manière de vous exprimer. Soyez doux et gentil envers vous-même. Lorsque vous commencez à partager votre vérité, vous pouvez contacter une partie de vous-même qui vous critique de ne pas l'avoir mieux fait. Si vous revoyez des événements de votre passé, ne critiquez pas vos actes ou vos paroles; au contraire, reconnaissez que vous avez alors agi au mieux de ce que vous saviez. Vous pouvez envoyer l'énergie vers le passé comme vers le futur; aussi, l'énergie que vous émettez de votre coeur peut guérir une situation appartenant au passé. Ce que vous avez appris vous a dévoilé votre vérité.

A un certain degré, chacun connaît la vérité de tous. Vous pouvez essayer de ne pas voir cette vérité, mais en fait, à un certain niveau, vous la connaissez bien. Rien ne peut être caché à l'autre et il n'existe aucune raison de le faire. Vous êtes un être humain magnifique, beau et vivant, faisant au mieux de sa connaissance. Vous êtes tous conscients les uns des autres et lorsque vous observez vos actes et vos paroles avec cette conscience, vous évoluez. Vous pouvez penser qu'il n'est pas bien de laisser parler le mental, de lui donner la parole, si vous avez une image qui n'est ni sympathique ni compréhensive. Vous pouvez penser que vous faites un cadeau à quelqu'un en voilant vos sentiments, alors qu'en fait vous pouvez ainsi voiler une situation dont la seule issue est la vérité. Vous pouvez rompre une relation pour dévoiler la vérité, si cela est nécessaire.

Le cadeau le plus précieux
que vous faites aux autres,
ainsi qu'à vous-même,
c'est de respecter votre plus profonde vérité

Cela ne veut pas dire que la vérité doit être exprimée aux dépens de l'autre personne. Votre intime vérité s'exprime toujours avec amour pour vous-même et pour les autres. Si vous tenez des propos blessants ou humiliants pour d'autres personnes, c'est alors que vous ne les avez pas puisés dans votre profonde vérité car celle-ci est amour.

Voici l'histoire d'une femme qui fréquentait un homme. Ensuite, celui-ci la laissa tomber pour une autre femme. Elle en fut très affectée et voulut le blesser et l'abaisser. Sa première pensée, parce qu'elle se sentait blessée et rejetée, fut de lui donner tous les torts. En se mettant en contact avec sa vérité profonde, elle comprit qu'elle aimait vraiment cet homme et voulait rester son amie; elle prit conscience alors que ce qu'elle faisait auparavant - fermer son coeur et partir - n'était pas sa vérité. Malgré cette blessure, elle fut capable de reconnaître l'amour présent derrière cette peine, et elle put exprimer son amour dans la communication. Quelques mois plus tard, l'homme revint vers elle, enrichi d'un degré plus profond de respect et d'amour dans son coeur.

Vous avez, pour la plupart, une certaine image de la vérité et pourtant vous vous faites des idées sur qui vous êtes. Vous faites cela lorsque vous vous considérez comme victime, car il n'en est pas ainsi. Vous êtes un être élevé et puissant. Vous vous faites des idées de vous-même chaque fois que vous ne voyez pas votre beauté, votre sagesse, votre pouvoir. Chaque fois que vous vous apitoyez sur vous ou que vous déprimez, vous vous jouez un tour et vous n'êtes pas en contact avec votre vérité. Lorsque vous vous faites de telles idées fausses, vous portez cette énergie en vous, et vous les voyez se manifester autour de vous dans votre vie quotidienne. Si vous vous sentez faible, sans ressources, vous commencez par installer cette résonance dans votre champ énergétique et vous attirez des personnes et des événements qui refléteront ces pensées. En purifiant votre énergie, restez fidèle à ce que vous êtes et l'univers reflétera cette vérité.

Choisissez une relation que vous désirez améliorer et imaginez que la partie la plus sage de vous-même, confiante, puissante et pleine d'amour - votre être le plus élevé - s'occupe de la situation. Voyez le sourire présent sur le visage de la personne choisie, et imaginez que vous vous adressez à elle. Chaque fois que vous remarquez que vous parlez avec hésitation ou superficiellement, en tout premier lieu, reconnaissez que vous faites de votre mieux. Appréciez toutes les parties de vous-même. Vous n'allez rien guérir en disant que la partie élevée de vous-même est bien et que la partie émotionnelle n'est pas bien. Restez centré sur la partie la plus élevée de votre soi, donnez tout votre amour à la partie qui manque de confiance, et ainsi elle évoluera.

Regardez bien ces scènes que vous jouez dans votre tête. Observez-vous en train de tenir ces rôles; regardez aussi les réactions que vous anticipez venant de l'autre personne. Notez bien que vous recevez ce que vous attendez. Gardez dans votre mental cette image de vous-même en train de libérer et d'exprimer votre vérité, de la manière la plus compatissante et la plus douce, en vous mettant à la place de l'autre personne. Voyez cela comme l'action la plus élevée et la plus thérapeutique que vous puissiez faire pour cette relation. Imaginez l'autre personne répondant avec une chaleureuse compréhension. Un sentiment de joie et d'énergie s'ensuivront, car il faut dépenser bien plus d'énergie pour réprimer ou occulter la vérité, que pour l'accepter, l'exprimer et agir en conséquence.

Au début, cela demande de l'énergie de s'ouvrir, mais voyez le résultat final : tout le temps que vous passez à ressasser la situation et la peine que vous ressentez disparaîtront. Vous libérerez ainsi des heures entières. Que ferez-vous de tout ce temps ?

Vous libérez de l'énergie créatrice chaque fois que vous vous libérez d'une situation frustrante. Lorsque vous parlez, utilisez les mots avec précision et à bon escient. Faites attention à vos actes et à vos gestes, afin d'éliminer toute interprétation émotionnelle erronée. Ne vous plongez pas dans les détails et n'exagérez pas l'ordinaire ou le quotidien pour créer l'insolite ou l'extraordinaire. Développez l'attitude à produire une image vraie des choses telles qu'elles sont, et cela vous aidera à créer ce que vous désirez dans votre réalité physique. En baignant votre langage dans la vérité, votre énergie grandira toujours plus. Vous aurez plus d'énergie physique, plus de paix et de meilleures relations avec les autres. Les amis qui ne veulent pas être vrais avec vous disparaîtront au profit de nouveaux qui seront en contact avec leur vérité. Les situations passées et inconfortables ne pourront pas survivre à ce nouveau degré de lumière et elles disparaîtront.

1) Connaissez-vous quelqu'un à qui vous avez caché une vérité ? Ecrivez maintenant ce que vous avez envie de lui dire. Faites ceci sans aucun jugement :

2) Maintenant que vous avez écrit cela, est-ce qu' un niveau de vérité plus profond, plus doux, plus compatissant et qui reconnaisse l'autre comme un individu plein d'amour, pourrait s'exprimer ? Ecrivez, d'une nouvelle manière, ce que vous avez écrit précédemment :

3) Continuez ce processus jusqu'à ce qu'une réelle conciliation intervienne entre vous. Ensuite, imaginez la joie et la lumière entre vous deux alors que cette vérité se libère.

9
LE VOYAGE VERS LA LUMIERE : TOUJOURS PLUS HAUT

Il existe maints niveaux d'énergie dans l'univers, du plus dense et plus grossier jusqu'à la connaissance la plus élevée. Au niveau le plus grossier se trouvent les émotions les plus lourdes et les pensées négatives. Les niveaux les plus hauts sont au-delà des polarités, au-delà du bien et du mal, au-delà de la tempête des émotions. Ce sont les niveaux de l'amour grandissant, de la lumière et du pouvoir personnel. Chaque niveau a ses propres leçons et une des façons les plus aisées d'évoluer consiste à reconnaître ces leçons comme des défis et des opportunités à grandir. En évoluant, les défis ne s'arrêtent pas, mais ils changent de nature. Vous ne pouvez pas grandir sans défis. Votre attitude à leur égard vous aide soit à aller plus haut et plus vite, soit vous maintient dans des niveaux plus denses un peu plus longtemps.

Plus vous repoussez les problèmes, plus vous vous rebellez contre ce qui ne va pas dans votre vie, et plus longtemps ces problèmes restent accrochés à vous. Les niveaux les plus denses d'énergie sont comme des sables mouvants qui vous entraînent vers le bas. Lorsque vous vous y êtes laissé prendre, vos pensées tournent sans cesse autour de ce que vous considérez comme des problèmes. Lorsque vous vous élevez, vos pensées s'élèvent aussi; alors vous commencez à penser à votre chemin spirituel, à ce que votre âme peut accomplir et à la manière dont elle peut influencer votre personnalité. Vous cherchez tous, chacun à votre façon, à vous connaître. Mettez votre énergie et votre temps dans le soi et devenez conscient de vous-mêmes ainsi que de vos pensées. Vous pouvez amplifier cet éveil de la conscience en prêtant attention à vos pensées. Notez-les et classez-les en catégories. Dans chaque catégorie, comme à propos des relations intimes, voyez à quel degré se situent vos pensées. Les pensées négatives ou autodestructrices restent à un niveau dense, très bas. Les pensées positives, optimistes et salutaires appartiennent à un niveau plus fin, plus élevé.

Votre volonté et vos intentions sont un outil pour passer d'un niveau dense à un niveau plus élevé. Vous pouvez monter de niveau simplement en affirmant que vous montez de niveau. Lorsque vous vous débattez avec vos problèmes et que vous luttez pour les solutions, vous vous maintenez dans les niveaux denses. Quelquefois le mental aime à s'engager dans les justifications, les luttes et les résistances, et cela vous arrime dans des énergies basses.

Chaque fois que vous parvenez à une solution que vous ne pouvez accepter, alors formulez votre volonté et votre intention d'aller plus haut. L'imagination a la capacité de vous élever en créant une vision de ce que vous voulez être.

La faculté de vous donner raison, plutôt que tort, vous permet de grandir plus vite

Apprenez à décider que tout ce que vous faites, que vous le compreniez ou non, est parfait pour votre évolution. Beaucoup d'entre vous ont choisi la voie rapide de l'évolution, désirant grandir rapidement. Beaucoup d'entre vous désirent mener à son terme le voyage de leur âme durant cette vie-ci, choisissant d'évoluer à grand pas plutôt que de manière lente et graduelle. La transformation de la planète commence par la transformation du soi. Le développement commence avec l'engagement et l'intention de grandir. Prêtez attention à vos pensées et à vos émotions et devenez conscient des messages présents dans les défis que vous rencontrez. Evitez de rester coincé sur certaines solutions; regardez-les comme si elles se trouvaient de votre côté plutôt que devant vous. Centrez-vous sur ce que vous voulez plutôt que sur ce que vous ne voulez pas. Une fois que vous avez prouvé à l'univers que vous désirez évoluer, vous êtes inondé de nouvelles intuitions quant à ce que vous devez faire. L'univers vous montrera alors le chemin.

Beaucoup d'entre vous pensent que leurs luttes sont insurmontables. Certains luttent pour fonder un amour profond ou établir une bonne relation. Certains se bataillent encore avec leur apparence, leur façon de manger ou de se muscler. Vous pouvez en débattre - quelle est la bonne façon ? Vous avez tous la connaissance intérieure pour savoir ce qui est bon pour vous. Cette sagesse est en vous, si vous écoutez votre soi intérieur. En ce moment même, vous recevez une abondance d'informations. Peut-être que le plus grand défi auquel vous devez faire face consiste à sélectionner les informations que vous utiliserez et celles que vous abandonnerez. L'information baigne véritablement toute cette planète. Vous pouvez lire des livres, recevoir des conseils sur ce qu'il faut manger et ce qu'il ne faut pas manger, sur la façon de ressentir ou de ne pas ressentir. Je vois une grande confusion dans tous ces faits. Pour certains d'entre vous, vous pensez que si vous vous obligez à manger les bons aliments, à suivre toutes les règles et à travailler sur vous-même constamment, vous allez devenir une personne parfaite et évoluée. L'ego et le mental aimeraient que l'évolution soit structurée et mise en formules; mais l'âme ne l'aime pas ainsi. Les programmations de votre enfance et le désir d'appartenir à un groupe vous amènent à penser que ce que la plupart des personnes font est la bonne voie. Mais vous êtes tous différents. Vos besoins nutritifs, les exercices et l'ensoleillement dont vous avez besoin, vos relations, vos désirs et vos activités sont différents.

Il n'y a pas de bon chemin pour évoluer et poursuivre la destinée de votre âme. C'est à vous de choisir ce qui est le mieux pour vous

La conscience de votre propre énergie vous indiquera ce qui est bon pour vous. Lorsque vous voyez tous vos livres, toutes ces méthodes pour perdre du poids par exemple, ne vous demandez pas : "Que *dois-je* essayer ?" mais plutôt : "Qu'est-ce que *j'aimerais* faire ?" Ce que vous aimez faire, les livres que vous lisez avec plaisir, les activités vers lesquelles vous êtes attiré, sont ce qui est bon pour vous. Celles pour lesquelles vous vous sentez obligé, ne sont pas celles qui vous conviennent. Vous pouvez utiliser votre pouvoir de volonté, ainsi que vous le nommez, pour vous forcer à suivre le programme d'autres personnes, mais sans cesse, votre être intérieur défera ce que vous ferez. Alors, vous vous traiterez d'incapable ou vous penserez que vous n'avez aucune volonté. Ce n'est pas le pouvoir de la volonté qui vous fera évoluer, mais votre intention de grandir et de laisser les changements survenir naturellement. Donnez libre cours à vos sentiments; d'un moment à l'autre, agissez sur eux et connaissez-les. A propos de la nourriture par exemple, restez détendu et calme et demandez-vous ce dont vous avez envie et qui vous semble appétissant. Même si vous avez envie de chocolat ou d'autre chose que vous avez étiqueté comme mauvais, cela peut être un message de votre corps physique qui a besoin de substances se trouvant dans le chocolat pour maintenir sa vibration et sa résonance, et que la seule manière de l'obtenir qu'il connaisse soit le chocolat. Vous pouvez n'en avoir besoin que d'une bouchée et, une fois que vous vous serez affranchi des «il faut» et «il ne faut pas», vous verrez que, naturellement, votre corps désirera d'autres aliments meilleurs pour lui.

Lorsque vous parlez de livres - tous les livres que vous *devriez* lire et tout le savoir que vous *devriez* posséder- soyez conscient que, quelquefois, pour obtenir ce que vous désirez, il vous suffit de lire un paragraphe ou une page d'un livre. Nous parlons de la qualité de discrimination, connaissant la différence entre ce qui et bon pour vous et ce qui ne l'est pas.

Chacun d'entre vous a une carte individuelle de la réalité, ses propres hypothèses, une philosophie unique de la vie, et un système de croyances personnel. Un des défis que je vous propose ici consiste à regarder votre carte. Qu'est-ce-qu'une carte ? Pour une personne la carte peut contenir : "Il n'y a pas assez d'amour dans l'univers", et pour d'autres personnes : "Chaque fois que je m'ouvre à quelqu'un, je suis blessé". Votre carte est établie d'après les expériences de votre enfance et de toute votre vie. Elle est basée sur votre expérience de l'énergie que vous émettiez et qui était reçue par les autres, en particulier par ceux que vous aimiez et dont vous vouliez recevoir de l'amour.

Si un domaine de votre vie ne fonctionne pas bien, une de vos croyances de ce domaine demande à être changée

Il est temps pour vous, soit de choisir une nouvelle carte soit de reconsidérer celle que vous avez. Vous ne pouvez pas la changer en vous forçant, en aucune façon. Vous pouvez la changer en affirmant, avec calme et fermeté, que vous désirez évoluer et que vous n'envisagez pas de rester enfermé dans des argumentations et des interrogations. Cela peut vous paraître simple, mais c'est tout ce que vous avez besoin de faire pour commencer à sortir du conflit. Une fois que vous décidez d'évoluer, l'univers commence à vous montrer les réponses.

Une autre façon de sortir de ces énergies denses et négatives consiste à devenir conscient des messages télépathiques et des émotions que vous émettez, parce qu'ils ont le pouvoir d'affecter de nombreuses personnes. Vous recevrez comme vous avez émis. Prenez la responsabilité des pensées et des émotions que vous émettez, parce qu'elles voyagent dans l'univers et créent les événements et les circonstances qui vous parviendront.

Vous pouvez apprendre à émettre des pensées et des sentiments positifs vers les autres, ou bien les projeter vers un futur où vous les rencontrerez. Chaque pensée que vous émettez est magnétique parce qu'elle crée et attire à vous les événements, les êtres et les choses. Elle entre en résonance avec les choses auxquelles vous pensez et ainsi détermine ce qu'elle attire à vous.

Vous pouvez aider l'humanité à atteindre la paix en faisant évoluer vos pensées

Chaque pensée que vous émettez crée un événement dans l'univers et attire des êtres vers vous. Et bien plus que cela, chaque pensée que vous émettez crée la transformation de la planète. Vous pouvez ne pas ressentir qu'une seule personne peut avoir un tel effet sur l'ensemble énergétique de la planète et pourtant, une seule pensée élevée et bienfaisante peut éliminer dix mille pensées négatives, et bien plus. Plus la pensée bienfaisante est élevée et plus elle élimine de pensées basses. Vous n'aidez pas que vous-même lorsque vous faites évoluer vos pensées, vous aidez aussi tous ceux qui vous entourent. Vous n'avez même pas besoin de les connaître individuellement et d'être en leur présence physique. Les pensées positives et bienfaisantes se propagent dans votre environnement et dans votre communauté pour aider ceux qui désirent s'élever. Imaginez-vous que vous êtes assis au-dessus de la Terre, comme sur les photographies prises par satellites, et imaginez tous les gens en dessous de vous, pris dans leurs occupations quotidiennes et perdus dans des pensées un peu basses. Imaginez que plus vous vous élevez, plus vous pouvez contacter de personnes avec ces énergies plus fines et plus élevées. Les gens pris par leur vie de tous les jours, cherchant des réponses à leurs problèmes, peuvent utiliser cette émission que vous diffusez. L'humanité se transforme. Vous êtes à la croisée des chemins : dans une direction règnent la paix et l'abondance et dans l'autre direction subsistent les luttes et le manque. Il est temps de prendre conscience de vos pensées personnelles de façon quotidienne, régulière. Chaque fois que vous détestez quelqu'un, chaque fois que vous êtes en colère envers vous-même, chaque fois que vous vous dévalorisez ou que vous vous mettez en faute, vous contribuez à alimenter l'idée de manque sur Terre. Chaque fois que vous vous autorisez à avoir plus, à vous sentir bien, à aimer, vous contribuez au chemin planétaire de l'abondance.

1) Etablissez une liste des choses importantes auxquelles vous pensez (la carrière, les amis, la famille, l'argent, la voiture, les vêtements, la nourriture, la santé, etc). Mettez une échelle de valeur en rapport avec la qualité de votre ressenti positif à leurs propos, de 1 à 10 (1 au plus négatif et 10 au plus positif):

1
2
3
4
5
6
7
8
9
10
11
12
13
14
15

2) A quel degré positif vos pensées se placent-elles ?

3) Prenez un domaine que vous avez placé bas et écrivez les images positives que vous pouvez avoir dans ce domaine :

10
L'AMOUR INCONDITIONNEL

Aimer inconditionnellement signifie garder toujours votre coeur ouvert. Pour cela, vous devrez peut-être abandonner vos attentes, votre désir de changer les autres. Cela signifie aussi abandonner tout désir de recevoir quelque chose des autres, ou qu'ils agissent de certaines manières et répondent avec amour. Beaucoup d'entre vous attendent des autres chaleur et amour avant d'agir ainsi.

En aimant inconditionnellement,
vous apprenez à être la source de l'amour
plutôt que d'attendre que les autres
soient cette source

L'amour inconditionnel vous permet d'être avec les autres tout en gardant vos limites personnelles. Pour être avec les autres, vous devez connaître vos limites, votre territoire. Les gens désirent vivre en compagnie, avoir des relations intimes et pourtant rester indépendants. Si vous vous sentez étouffé dans vos relations, affairé à des choses que vous ne désirez pas, c'est parce que vous n'êtes pas clair à propos de vos limites. Bien qu'il soit plus facile de blâmer l'autre, c'est à vous de clarifier vos limites. D'un autre côté, si vous désirez de quelqu'un une chose que vous n'obtenez pas, c'est parce que vous essayez d'utiliser l'autre personne pour remplir un espace que vous seul pouvez remplir.

Prenons l'exemple d'une femme qui étouffe dans sa relation amoureuse. Elle sent que son compagnon lui demande toujours plus qu'elle ne peut donner - plus de temps, d'attention ou d'engagement. En fait, ces schémas demeurent en elle et tant qu'elle ne les reconnaît pas, elle perpétue ce genre de relation. Souvent, un schéma s'exprime par son opposé. Cette femme peut attirer soit des hommes qui lui demandent toujours plus, soit des hommes qui ne sont pas disponibles ou qui ne veulent pas s'engager.

Cette femme n'a pas trouvé son sens du soi. Tant qu'elle ne sera pas certaine de la limite où sa liberté s'arrête et où celle de l'autre commence, elle luttera constamment pour définir ses limites. Elle échappe à tous les engagements parce qu'elle les vit comme une perte d'identité. N'étant pas claire en elle-même, elle se sent enfermée par des demandes ou de simples requêtes. Si ses limites étaient claires, il lui serait facile de dire non; et elle n'attirerait pas de relations qui mettent à l'épreuve ses limites. Une fois qu'elle aura défini clairement ce qu'elle veut donner, ce qui lui semble juste entre ce qu'elle donne et ce qu'elle reçoit, elle pourra attirer de nouvelles relations, en accord avec cette nouvelle image.

L'amour inconditionnel transforme la peur

La peur est semblable à un bruit de fond, enveloppant la planète, affectant de nombreuses actions et décisions. Vous devez faire preuve de force et de courage pour affronter vos peurs. En prenant conscience de l'énergie, vous devenez aussi conscient de la peur. Le premier lieu à explorer, c'est vous-même, bien qu'il vous semble plus facile de voir dans les autres. Si, lorsque vous observez un ami ou toute personne que vous aimez, vous pouvez voir clairement où cet être est fermé, apeuré, voyez cela comme la réflexion de l'espace en vous-même qui a besoin de plus d'amour.

Il est plus facile de voir dans les autres qu'en soi-même. C'est pourquoi l'univers vous enseigne souvent en plaçant sur votre chemin des êtres qui vous révèlent ce que vous apprenez. Vous ne prêteriez aucune attention à ce trait ou à cette partie d'eux-mêmes si vous n'étiez pas en train de travailler dessus.

La peur peut venir de vos schémas de pensée. Certaines pensées coutumières vous disent que vous avez tort et que, si vous ne prêtez pas attention, vous pourriez vous faire du mal. Les pensées collectives sont des pensées partagées par de nombreuses personnes, et à un moment ou à un autre, vous aurez à les confronter au cours de votre évolution vers les hautes sphères de l'univers. La peur fait davantage jour dans les pensées d'auto-évaluation - lorsque vous avez peur de décevoir une personne, de ne pas vous donner assez ou de ne pas être capable.

Si vous découvrez certaines peurs en vous ouvrant à de nouvelles relations, ne vous critiquez pas. La peur est sous-jacente et plus vous pouvez la découvrir et lui faire face, plus vous pouvez la transformer par votre amour inconditionnel et l'acceptation de vous-même.

Comment pouvez-vous découvrir vos peurs ? Penchez-vous sur un domaine de votre vie que vous désirez éclairer. Demandez-vous s'il existe une quelconque raison de ne pas vous sentir libre de la décision que vous devez prendre. Peut-être par peur de manquer d'argent, de ne pas y arriver par vos propres moyens, de ne pas réussir, de ne pas être aimé des autres ou d'être rejeté. En examinant cette décision, demandez-vous ce que vous feriez si vous étiez protégé, en toute sécurité, guidé et aimé par les plus hautes forces de l'univers. Si vous saviez que votre âme vous aide de toutes les manières possibles et que vous pouviez accorder une confiance totale à votre soi le plus sage, cela changerait-il votre décision ? Voilà un moyen de vous débarrasser de la peur.

La peur est un espace en vous qui n'a pas encore découvert l'amour

La peur est souvent déguisée en raisonnements logiques et rationnels qui expliquent les raisons de ne pas agir. Quelquefois, elle est déguisée par le sentiment que les autres vous inhibent. La peur revêt de nombreux costumes, comme accuser les autres, refuser ses responsabilités, décider que l'on ne peut pas le faire de toute façon, se décourager d'essayer, se mettre en colère et fuir etc... Quel costume revêtez-vous pour cacher votre peur ?

Si vous le découvrez, la première étape consiste à reconnaître que vous évitez quelque chose ou que vous vous sentez mal parce que vous avez peur; et c'est à ce moment-là que vous avez besoin de vous aimer inconditionnellement. Aimez cette partie de vous-même, ne lui donnez pas tort. Ayez le désir de regarder ce que vous voulez éviter. Vous n'avez pas à vous justifier, à penser que vous n'êtes pas bien ou à la dissimuler en frimant. Une fois que vous reconnaissez la peur, il est beaucoup plus facile d'en prendre soin. C'est lorsqu'elle est déguisée qu'elle peut créer la séparation et la douleur.

Une des manières de découvrir la peur consiste à choisir un exemple de ce que vous voulez créer mais dont vous craignez l'échec. Faites une liste des raisons qui vous empêchent de créer cela. Ensuite, transformez ces raisons en arguments positifs, confirmant que vous *pouvez* créer ce que vous voulez. Vous verrez alors la peur se dissoudre à la lumière de la conscience. L'amour est comme un soleil qui chauffe et fait fondre la glace. Il détruit toutes les barrières et toutes les peines. Comme la glace, vos peurs vont se liquéfier et s'évaporer.

Lorsque vous vous apercevez que vous répondez aux autres avec de la peur plutôt que dans l'amour - peut-être en les écartant par peur d'être rejeté, vous donnant tort ou demandant trop - remerciez-vous de prendre conscience de cette peur. Aimez cette partie de vous-même qui a peur, et commencez à émettre cet inconditionnel amour.

Lorsque vous jugez et critiquez, vous devenez alors très sensible à l'énergie des autres personnes. Si vous observez les autres en pensant: "Ils devraient travailler plus, se concentrer davantage sur leurs actes", ces pensées attirent vers vous leurs énergies négatives. Ce que vous voyez en eux, c'est ce que vous commencez à vivre avec eux, parce que vous attirez à vous ce sur quoi vous vous concentrez. Vous attirez alors ce que vous craignez. Restez en contact avec cette partie de vous-même qui est douce et pleine d'amour, votre soi le plus sage et le plus élevé qui vous guide vers davantage d'amour.

Lorsque vous percevez des barrières inconfortables et des limites vous séparant des autres, reconnaissez que vous avez besoin de donner plus d'amour aux autres et à vous-même. Vous n'avez peut-être pas choisi de vivre avec ces personnes, d'être tout le temps en leur compagnie, mais elles bénéficieront de ce surplus d'amour. Certains d'entre vous jouent les braves, les solides, agissant comme s'ils disaient: "Je ne suis ni vulnérable ni blessé". Et cette attitude même crée déjà la peur et la peine, attirant plus d'actions négatives, et cela vous oblige à vous montrer encore plus braves.

Observez les moments où vous avez envie de fermer votre coeur et de dire: "J'en ai assez, cette personne ne m'aime pas vraiment, je pense que je vais la quitter". Dans chaque relation, quelle que soit sa durée, le défi de garder votre coeur ouvert existe toujours. Comment apprendriez-vous l'amour inconditionnel autrement qu'en explorant sans cesse les domaines où votre coeur se ferme ? Chaque fois que vous avez envie de fermer votre coeur, vous avez l'occasion d'établir de nouveaux schémas et de garder votre coeur ouvert. Vous avez toujours le choix de partir ou de changer la nature de vos relations, mais vous pouvez le faire avec amour. Vous pouvez penser que les meilleurs amis sont ceux qui ne vous proposent aucun défi, ou ne vous font jamais penser à fermer votre coeur; et pourtant, si vous n'êtes qu'avec des personnes qui ne vous poussent jamais à rester ouvert et plein d'amour, c'est que vous n'êtes pas vraiment connecté avec elles par le coeur. Le coeur s'occupe de la confiance, de l'ouverture de nouveaux plans d'acceptation et de compréhension des autres.

Vous apprenez l'amour en défiant des situations qui sollicitent votre amour

La tolérance est un attribut de l'amour inconditionnel. Lorsque des personnes font certaines choses que vous ne supportez pas, souriez intérieurement en leur adressant votre chaleureuse bénédiction et des pensées d'amour; cela vous libère, car ainsi vous n'êtes plus affecté par leur comportement. La qualité de la tolérance est la capacité de rester calme et serein quoi qu'il arrive, de permettre aux autres d'être eux-mêmes et de faire leurs propres erreurs. Ainsi, vous êtes un havre tranquille et accueillant où ils peuvent se réchauffer à la lumière constante de votre acceptation.

Ce que vous donnez aux autres est aussi un cadeau pour vous-même

La capacité d'accepter les autres personnes pour ce qu'elles sont est un grand défi; et en le gagnant, c'est à vous-même que vous faites un cadeau. Si quelqu'un vous perce les oreilles ou parle d'une manière qui éveille en vous la colère, la défensive ou la tristesse, commencez par lui envoyer télépathiquement de l'amour. Centrez-vous dans le calme et détendez votre respiration. En lui envoyant de l'amour, ne nourrissez pas l'espoir qu'il cesse de crier ou qu'il réagisse d'une autre façon. Sachez qu'en envoyant de l'amour, vous élevez *vos* vibrations. Ensuite il changera, ou bien vous ne créerez plus de situations où les autres sont en colère après vous.

Les relations vous défient de garder le coeur ouvert et de ressentir l'amour envers tous. La vulnérabilité est une qualité importante. C'est le sentiment que vous n'avez rien à défendre, à cacher ou à justifier. Cela vient d'un sentiment d'auto-acceptation, ne nécessitant pas de justifier le comportement que vous désirez changer, mais sachant qu'en vous mettant en tort, vous vous enfermeriez dans ce comportement encore plus long-temps. Les gens ont souvent peur d'admettre qu'ils ont peut-être tort, qu'ils souffrent ou sont blessés. Quelquefois, par exemple, lorsque vous vous sentez troublé et hors de votre espace de calme et de clarté, vous pouvez tenter de mettre un masque et de faire comme si tout va bien. Si, au lieu de cela, vous exprimez votre véritable sentiment, alors vous ouvrez un niveau de communication approfondissant vos relations.

Vous désirez peut-être que tout le monde pense que vous êtes parfait, aussi vous agissez selon ces critères : "Je suis vraiment bien, ne vous inquiétez pas pour moi, je suis résistant et je n'ai besoin de personne". Cela crée une barrière entre vous et les autres, en vous empêchant de recevoir de l'amour aux mo-ments où vous en avez le plus besoin. Avez-vous remarqué comme vous ressentez de l'amour pour les autres personnes lorsqu'elles sont vulnérables et qu'elles ne se sentent plus sûres de ce qu'il faut faire, au lieu de prétendre tout savoir ? N'ayez pas peur d'être pris pour qui vous êtes.

Si vous n'avez rien à défendre, la vie devient plus facile car vous n'avez pas besoin de prétendre être ce que vous n'êtes pas

La vie est plus difficile lorsque vous pensez que vous devez défendre vos croyances, vos pensées et votre soi. Je suppose que la plupart des choses que vous pensez devoir défendre ne sont que des croyances et des idées qui, de toute manière, ne sont pas vôtres. Vous êtes rarement offusqué ou blessé lorsque quel-qu'un est en désaccord avec des choses dont vous êtes sûr. Les domaines où vous n'avez pas d'assurance, où vous vous sentez en insécurité, sont ceux que vous ressentez souvent comme devant être les plus défendus.

La prochaine fois que vous voulez défendre quelque chose vous concernant, questionnez-vous: "Pourquoi est-ce que je ressens le besoin de défendre cela?" Soyez prêt à laisser votre coeur et votre sagesse sourire aux autres personnes, leur envoyant amour et acceptation. Ne vous sentez pas obligé de dire quelque chose à tout prix. Soyez comme vous êtes. Si vous ne connaissez pas la réponse, dites simplement: "Je ne sais pas". N'essayez pas d'être parfait tout le temps. Ne pensez pas que pour être aimé vous devez détenir toutes les réponses, que vous ne devez jamais avoir peur ou paraître faible; car ceux d'entre vous qui sont prêts à sentir leur vulnérabilité recevront plus d'amour.

Le pardon appartient à l'amour inconditionnel. Pardonnez-vous, au long de la journée, pour tous les moments où vous n'êtes pas élevé, sage et débordant d'amour. Pardonnez aux autres pour tous les moments où ils ne sont pas élevés, sages et débordants d'amour. En pardonnant, il vous est plus facile d'être ce que vous désirez, et vous permettez aussi cela aux autres.

Les personnes qui vous répondent, prétendant ignorer votre qualité d'amour, sont en contact avec leur peur intérieure. Si elles vous ignorent, vous mettent en tort, disent des choses désagréables ou agissent avec supériorité, comprenez qu'elles vivent dans la peur. Vous n'avez pas à répondre à leur peur intérieure et la créant aussi en vous. Au lieu de cela, vous pouvez devenir une source de guérison pour tous ceux qui vous entourent.

Vous attirez dans votre vie des situations pour apprendre de celles-ci. Pour rester positif, il faut répondre par l'amour. En faisant ainsi, chaque situation changera de nature et de caractère. Par la pratique, vous apprendrez à émettre l'amour pendant des périodes de plus en plus longues. Pratiquez en toutes circonstances. Envoyez votre amour à la Terre et à chaque personne que vous rencontrez. Voyez si vous pouvez voir ce qui est beau en chacun.

L'amour génère partout la beauté, et surtout, il crée en chacun la beauté

Lorsque des êtres souffrent, c'est le moment de les aider à changer leur vie. Souvent, lorsqu'ils ont peur, ils sont alors prêts à écouter. Si vous sentez leur peur, le manque d'amour pour eux-mêmes, il est peut-être temps de leur tendre la main, de leur envoyer votre acceptation inconditionnelle et de les inviter dans votre lumière.

Ceux qui semblent n'avoir aucune peur, se montrant les plus braves, peuvent avoir encore besoin de davantage d'amour que les êtres qui acceptent leur vulnérabilité. Ceux qui font souffrir les autres, qui sont agressifs, qui brutalisent et rendent la vie impossible à leur entourage sont, en général, les êtres qui ont le plus besoin d'amour. Envoyez votre amour aux êtres qui semblent tout avoir et à ceux qui semblent vouloir vous dominer, tels que vos présidents, vos patrons ou vos parents. Ils ont un pouvoir sur vous dans la mesure où vous acceptez cela; seule votre peur peut créer un sentiment d'infériorité en vous. Si, d'une quelconque façon, vous craignez les personnes en position d'autorité ou de pouvoir, envoyez-leur votre amour. Cela aidera à arrêter toutes les luttes de pouvoir et vous mettra en harmonie avec la partie la plus élevée de leur être, là où les miracles et l'amour sont disponibles.

En vous emplissant de lumière, votre faculté d'agir sur le monde s'accroît

Si des êtres vous envoient des énergies négatives et ne remplissent pas vos attentes, il est important de leur envoyer votre amour inconditionnel. Ils sont simplement ainsi, agissant au mieux de ce qu'ils connaissent. Vous ressentirez une grande paix intérieure lorsque vous n'aurez plus besoin des autres pour être heureux. Vous serez devenu un phare scintillant d'énergie, et plus vous vous élèverez, plus vous agirez par vos pensées. Lorsque vous envoyez à quelqu'un votre amour inconditionnel, il est alors impossible que vous soyez affecté par ses énergies négatives. Si, dans une situation de votre vie, vous vous sentez blessé, apeuré ou séparé des autres, commencez par leur adresser amour et acceptation pour ce qu'ils sont. Cela aura une action bénéfique sur vous-même comme sur eux.

Plus les gens agissent de façon méprisable, plus ils ont peur et plus ils ont besoin de votre amour. Au contraire, les personnes humbles, vulnérables, et sans défense disposent, le plus souvent, d'un immense amour. Envoyez-leur aussi votre amour, mais n'oubliez pas d'envoyer votre amour à ceux qui vous paraissent les moins aimables, parce que ce sont eux qui crient et réclament cet amour avec le plus de force. Trouvez des raisons d'aimer ces personnes peu aimables, pour protéger les personnes qui agissent de façon destructrice. Toute personne évolue en émettant de l'amour. Lorsque vous donnez de l'amour, celui-ci vous revient ensuite, transformant votre vibration et votre aura, et vous attirez encore plus à vous cet amour. Il peut ne pas venir de ceux vers qui vous envoyez de l'amour, mais il vous revient.

Lorsque vous avez peur, pour quelque raison que ce soit, il est temps de vous connecter à votre soi le plus élevé. Lorsque vous vous sentez aussi effrayé qu'un enfant, il y a toujours quelqu'un ou quelque chose pour vous rassurer et chasser la peur - un parent, un ami ou votre peluche favorite. C'est généralement quelque chose qui vous est extérieur. Une partie de votre chemin vers la lumière consiste à pouvoir créer en vous-même cette sensation de sécurité, cette assurance que le monde est amical et que vous êtes aimé et protégé par un univers attentif et généreux. Demandez à votre âme de vous aider. Détendez votre respiration et trouvez cette place en vous où règne la confiance.

Lorsque vous avez peur, imaginez-vous dans les bras de l'ami que vous aimez le plus depuis toujours, celui qui prend soin de vous sans condition, celui qui vous aime quand vous riez ou quand vous pleurez, celui qui est toujours à vos côtés, celui qui vous baigne de sa constante lumière. C'est votre âme. Sachez que cet ami existe réellement et que vous pouvez l'appeler lorsque vous avez peur afin qu'il vous aide à contacter vos espaces les plus élevés. Vous pouvez aussi appeler un guide ou un maître, parce que celui qui appelle est toujours entendu et reçoit amour et guidance. Tout ce que vous devez faire consiste à demander aide et contact, et cela vous sera donné.

Même lorsque les choses semblent inconfortables et sombres, ne pensez pas que vous vous êtes écarté de votre voie, parce que vous êtes en perpétuelle évolution. Quelquefois, cela semble difficile et vous avez l'impression que votre voie est ardue. D'autres fois, vous évoluez dans des espaces où vous pouvez courir, danser et voyager plus à l'aise. Arrêtez tout jugement et rendez chaque étape de votre évolution plus facile en l'acceptant telle quelle. Permettez-vous d'aimer autant le sentier cahoteux que le chemin facile; sans cesse, remerciez-vous pour votre courage dans votre évolution, en essayant d'aller au mieux et au plus haut de ce que vous connaissez. Souvenez-vous que vous êtes un être d'amour, que vous méritez l'amour et que vous êtes, en essence, l'amour.

1) Pensez à un domaine de votre vie que vous aimeriez changer. Ecrivez ici les changements que vous aimeriez y apporter (par exemple, "j'aimerais acheter une maison, plutôt que d'en louer une") :

2) Faites alors la liste des raisons qui vous empêchent de créer ce changement. Cela représente vos peurs inconscientes (par exemple, " je ne peux pas acheter une maison parce que mes revenus ne sont pas assez élevés, et que je n'ai pas de mise de départ") :

3) Asseyez-vous tranquillement et oubliez les parties de vous-même qui pensent que vous ne pouvez pas créer ce changement. Envoyez amour et acceptation à toutes ces voix empreintes de doutes et de peur.

4) Transformez ces doutes en affirmations positives et commencez à les répéter. Vous pouvez les écrire sur une grande feuille que vous lirez tous les jours pendant plusieurs mois (par exemple, "j'ai un salaire régulier et suffisant, je reçois tout l'argent nécessaire à ma mise de départ") :

11

CHOISIR D'EVOLUER

En montant vers les plus hauts niveaux de la conscience, vous devrez peut-être apprendre à maîtriser les énergies de la colère ou de la peine, chez les autres ou en vous-même. Apprendre à garder son équilibre et à rester centré au niveau du coeur en présence de ces énergies appartient au processus de l'évolution de l'âme vers la lumière.

Lorsque vous vous sentez blessé ou séparé d'une personne, pensant qu'elle est la cause de votre peine ou de votre malheur, il est alors temps de voir quelle leçon vous avez choisi d'apprendre en créant cette situation. Bien que vous aimiez les autres, vous pouvez quelquefois ressentir de la peine et de l'isolement. Si cela vous arrive, ne cherchez pas de raisons intellectuelles. Ne cherchez pas à savoir qui a blessé, celui qu'il faut blâmer ou celui qui a raison. Il est rarement bénéfique d'argumenter ainsi, en essayant de discriminer qui a tort de qui a raison. Cela vous place dans des luttes de pouvoir face aux autres et vous éloigne de votre coeur.

Chacun, de son côté, sent le plus souvent qu'il a raison, et que l'autre a tort. Les gens ont l'habitude de penser que leur colère est légitime et que celle de l'autre ne l'est pas. Lorsqu'un être se sent blessé, le plus souvent il porte sa colère contre la personne qui a causé sa peine. Cependant, la douleur était déjà présente avant que l'autre personne ne l'ait déclenchée; cette personne a seulement agi comme un catalyseur pour la mettre à jour. L'autre personne *n'est pas* la cause de cette douleur. La cause, c'est une douleur déjà présente. L'autre personne ne l'a pas déclenchée par accident, bien sûr, car vous choisissez le plus souvent des amis qui touchent un point sensible, afin d'apprendre et de grandir.

Lorsque vous vous sentez blessé et indigné à juste titre,

convaincu que vous avez été insulté et que l'autre personne vous doit des excuses, restez un moment en silence avant de laisser votre colère exploser. Il est facile de se sentir dans son bon droit et cependant, la droiture vous sépare de ceux que vous voulez aimer et dont vous voulez vous sentir proche. Alors que l'âme s'approche de la lumière, une des leçons consiste à apprendre à ne pas étiqueter les choses comme bonnes ou mauvaises, mais à ressentir la compassion au niveau du coeur. Cela vous demande de considérer le point de vue de l'autre personne sans ressentir que vous avez à prouver quoi que ce soit.

Il est important d'apprendre à maîtriser la peine, parce qu'en faisant ainsi, vous permettez à votre âme d'être le capitaine du navire. Que sont peine et douleur ? La peine est un espace que l'âme n'a pas encore assez baigné de lumière pour permettre à la compassion et au coeur tendre de briller. La peine est un domaine en vous qui attend l'amour.

Lorsque vous ressentez de la peine, au delà d'une tendance naturelle à blâmer l'autre, vous pouvez avoir envie de partir, de vous replier et de fermer votre coeur. Si vous éprouvez de la peine parce que vous n'êtes pas traité comme vous l'aimeriez, soit par un ami soit par un être que vous estimez, il est préférable de ne pas commencer à donner tort à l'autre ou à lui demander des excuses. Commencez plutôt par regarder en vous-même. Les autres personnes ne peuvent mettre à jour que des peines qui existent déjà en vous. Elles peuvent seulement vous permettre de fermer votre coeur là où votre coeur tendait déjà à se fermer. S'il n'existe pas de peine en vous, personne ne peut la révéler. Vous pouvez alors plaindre cette personne et ressentir de la compassion pour elle, mais vous n'éprouvez ni colère ni agressivité.

La peine est seulement révélée par une autre personne lorsqu'elle existe déjà en vous

Chaque fois qu'une personne vous fait de la peine, ceci est un cadeau. Cela vous montre un domaine dans lequel votre coeur n'a pas encore appris à être ouvert. Cela vous indique un endroit, en vous-même, où vous pouvez apporter plus de lumière. Vous attirez certaines personnes dans votre vie pour qu'elles dévoilent les endroits où vous avez besoin de vous ouvrir davantage. Une partie de la leçon consiste à rester ouvert et plein d'amour même lorsque ces personnes vous blessent.

Avant de vous diriger vers l'autre avec vos récriminations, avant de fermer votre coeur et d'écarter tout cela, créant plus de séparation et de peine encore, arrêtez tout. Demandez-vous si vous désirez'y apporter plus de lumière.

Comment pouvez-vous apporter de la lumière là où il y a de la peine ? D'abord, il est important de ne pas rester physiquement en présence de la personne qui vous cause de la peine, alors que vous commencez à générer et à attirer plus de lumière en vous-même. Rester physiquement proche de l'autre personne, alors que vous ne maîtrisez pas vraiment l'énergie, vous porte vers son aura. Si cette personne ressent de la peine ou vous cause une peine, le fait de rester en sa présence complique votre retour à l'équilibre. Si vous êtes en pleine dispute, si vous vous sentez blessé, désirant soit vous battre soit fuir, en tout premier lieu et sans exception, éloignez-vous physiquement de cette personne. Gardez le silence jusqu'à ce que vous ayez la possibilité d'être seul. Demandez quelques instants pour vous asseoir et réfléchir. Dites que vous ne désirez pas parler sous le coup de la colère. Souvent, le fait d'exprimer que vous voulez être plus conscient et compatissant, que vous avez besoin de vous retirer quelques instants pour vous calmer, cela permet à la situation de se détendre.

Lorsque vous luttez avec quelqu'un, c'est souvent parce que vous ne vous sentez pas vraiment à l'aise en vous-même. Prenez conscience aussi que lorsque les autres personnes vous font de la peine, qu'elles semblent chercher la bagarre, c'est parce qu'elles aussi ne se sentent pas vraiment à l'aise.

Apprenez à arrêter de parler lorsque l'énergie s'alourdit entre vous et vos compagnons. Si vous pouvez créer une distance physique, faites-le. Vous pouvez ensuite vous baigner dans la lumière en vous asseyant calmement, et en visualisant la paix. Il est parfois difficile d'imaginer la paix lorsque vous êtes en colère. Essayez d'imaginer des scènes agréables, un bon moment passé, ou bien quoi que ce soit qui vous redonne votre équilibre. Ensuite, invitez votre âme dans votre coeur. Demandez-lui d'amener la plus haute conscience possible dans votre être d'amour. Vous commencerez alors à sentir que la sensation de paix s'intensifie et vous vous sentirez peut-être désolé de vos faits ou dires. Vous vous apercevrez combien tout ceci a débordé, et que vous ne pensiez pas tout ce que vous avez dit alors. Ou bien, vous pourrez à ce moment-là voir la colère ou la peine de l'autre avec compassion et détachement, ne vous sentant pas personnellement responsable de ses réactions.

Plus vous pouvez comprendre la leçon d'une situation, plus vite vous pouvez abandonner cette situation

Interrogez-vous sur ce que vous apprenez de votre relation avec telle personne, ou en quoi vous évoluez en vivant cette situation. Les peines sont souvent de grandes opportunités à évoluer. Supposons, par exemple, que vous souffrez parce qu'une personne que vous aimez ne vous donne pas autant d'amour que vous le voudriez. Il se peut que vous appreniez alors à garder votre coeur ouvert, quelles que soient les actions de l'autre personne. Il se peut que vous appreniez l'humilité, l'innocuité et le détachement. Grandissez tranquillement et demandez à votre âme de vous montrer la leçon; elle répond toujours. Vous verrez que ce qui est arrivé est un grand cadeau, même si, au moment, cela ressemblait plutôt à une tragédie. Demandez à votre âme de vous montrer le cadeau. Le degré avec lequel vous ressentez votre peine est à l'image du cadeau qui vous attend lorsque vous aurez compris pourquoi vous l'avez mis à jour.

Malgré tout, la compréhension n'est pas suffisante. Une fois que vous commencez à comprendre ce qui doit l'être, il est important d'agir à partir de cela. Certains d'entre vous ressentent de la peine ou du rejet lorsque leur amour n'est pas retourné, ou lorsqu'ils ont des images ou des attentes qui ne parviennent pas à se concrétiser. Essayez de ne pas incriminer les autres; cela pourrait amplifier des luttes de pouvoir. Vous ne pouvez pas trouver de réponse lorsque vous êtes en pleine lutte. Au contraire, lorsque votre silence grandit et que votre énergie se calme, imaginez que vous les serrez contre votre coeur et que vous leur pardonnez, quoi qu'il se passe.

La peine est un puissant indicateur d'évolution. Elle peut être transformée par l'amour

Lorsque vous avez de la peine vous êtes souvent bien plus proche de votre âme qu'à n'importe quel autre moment. En apprenant à voir l'énergie et à la vivre plus directement, le défi sera de rester dans votre coeur et de vous centrer sur ce qui est le plus haut et le plus subtil chez les autres plutôt que sur ce qui est le plus bas. Lorsque vous avez de la peine, cela signifie qu'il y a un domaine de votre vie qui ne tourne pas rond; certaines croyances, pensées ou émotions demandent désespérément à être aimées et guéries. Ne vous sentez pas coupable ou ne pensez pas que vous êtes une mauvaise personne, mais voyez cela comme une occasion d'examiner, d'expérimenter et de guérir un domaine de votre vie.

Lorsque des personnes sont en colère après vous, il s'agit souvent d'une expression de leurs blessures. De nombreuses personnes pensent qu'elles ne se mettent en colère que pour de justes causes et ne sont blessées que lorsqu'on les provoque, les exaspère, les rejette ou leur formule des demandes déraisonnables. Mais la colère peut être aussi utilisée pour contrôler les autres. Est-ce-que votre peur de la colère des autres contrôle votre comportement à leur égard ? Utilisez-vous la colère sous forme de menaces pour contrôler les autres ?

Lorsque des personnes se mettent en colère après vous ou menacent de vous frapper, elles le font peut-être parce qu'elles sont peinées. A cause de leurs programmations et de leur éducation, à cause de l'image qu'elles veulent donner au monde, certaines personnes peuvent se sentir blessées alors que vous n'en aviez pas la moindre intention. Quelquefois des personnes se mettent en colère alors que vous ne faites qu'exprimer des opinions différentes ou affirmer vos préférences. Assurez-vous que vous n'avez aucun désir de contrôler ou de manipuler et, s'il en est ainsi, ne laissez pas leur colère vous toucher.

Souvent, deux personnes parviennent à se faire du mal alors qu'elles ne désirent que recevoir l'amour de l'autre. Souvent, lorsque quelqu'un souffre, tout ce qu'il attend de vous c'est que vous le preniez dans vos bras et que vous lui exprimiez de la gentillesse, de l'amour et de la compréhension. Comme il est difficile d'être gentil et plein d'amour lorsque quelqu'un agit de manière à vous faire de la peine ou du mal. C'est une partie de l'apprentissage du travail avec l'énergie, quoi qu'il en soit, que de tout arrêter, d'adoucir votre coeur et d'écouter malgré l'énergie de la colère ou de la violence. Vous êtes tenté de vous mettre sur la défensive, de vous mettre en colère ou de vous battre avec la personne qui vous blesse. Vous pouvez penser qu'elle essaie de vous enfoncer ou de vous mettre en tort. Souvent, le rejet provient d'un sentiment de défense, d'une impression que vous devez protéger votre honneur à tout prix. Lorsque vous avez de la peine ou que vous souffrez, tout ce que vous attendez des autres c'est leur écoute, leur gentillesse et leur compréhension face à votre confusion. Vous ne voulez pas qu'ils s'écartent ou se tiennent sur la défensive. Vous ne voulez pas qu'ils soient perturbés par votre colère, mais plutôt, vous désirez qu'ils soient conscients de votre peine. Certains d'entre vous se mettent à crier après les personnes qui les ont blessés, alors qu'ils préféreraient entendre : «Oui, je me rends compte; je suis désolé de vous avoir fait du mal».

Si des personnes se mettent en colère après vous ou vous rejettent, ne laissez pas leur négativité faire partie de votre réponse

Lorsque des gens vous font de la peine ou se mettent en colère après vous, prenez conscience qu'ils désirent que vous les aimiez. Ils ne veulent pas que vous les rejetiez, que vous vous mettiez aussi en colère, que vous vous sentiez blessé ou que vous vous défendiez. En vérité, ce qui se passe à ce moment-là n'a que peu d'importance pour eux. Ils vivent leur propre peine, et elle n'a rien à voir avec vous. Cependant, ils peuvent vous le reprocher et dire que c'est de votre faute, alors que la peine qu'ils vous reprochent provient d'une peine déjà présente en eux, d'un espace où leur coeur n'est pas encore ouvert.

En développant la télépathie, vous serez à même de mieux sentir la peine en l'autre, et c'est pourquoi vous voudrez rester centré au niveau du coeur. Lorsque vous regardez l'humanité d'un point de vue plus élevé, vous commencez à voir beaucoup de souffrance, de colère et de négativité, bien qu'il y ait aussi beaucoup de bonnes choses.

En vous ouvrant à une conscience toujours plus large de l'énergie qui vous entoure, vous vous ouvrez à la conscience de votre propre énergie. Vous pouvez voir en vous des choses que vous désirez transformer. Il est essentiel de ne pas vous mettre en tort pour ce que vous voyez, car si vous agissiez ainsi, votre âme cesserait de vous les montrer. Au lieu de cela, sachez que ces domaines vous sont dévoilés afin que vous puissiez y amener la lumière de la conscience et l'amour de votre coeur. Lorsque des personnes se mettent en colère après vous, prenez du recul. Prenez conscience qu'elles ne connaissent pas de meilleur moyen de se débarrasser de leur peine que de l'exprimer ainsi. Si elles vous disent que vous avez fait quelque chose de mal, que vous êtes méchant, que vous les avez blessées ou leur avez causé du tort, ne vous attachez pas à leurs mots. Comprenez que la seule manière qu'elles connaissent pour réagir à la peine qu'elles ressentent, c'est de blâmer les autres. Ne pensez pas que vous êtes responsable de cela. Elles sont responsables de leurs propres colères et soucis. Vous avez peut-être agi comme un catalyseur, mais la peine existait sûrement auparavant. Aussi, lorsqu'elles sortent leur colère, ne commencez pas à argumenter et à vous défendre; restez simplement en silence, gardez votre coeur ouvert et centrez votre amour sur ces personnes.

Alors qu'elles parlent, la tentation est grande, pour vous, de leur dire qu'elles ont tort, que vous n'avez pas fait ce qu'elles prétendent. Ne dites rien parce qu'en fin de compte vous vous en serez reconnaissant. Laissez-les exprimer leur énergie sans vous mettre en colère. Lorsqu'elles en auront terminé avec cela, vous serez toujours dans cet espace d'amour et d'harmonie, en accord avec vous-même. Vous aurez su mettre en pratique une des plus difficiles leçons : de rester centré en présence de colère et de peine.

Si vous avez du mal à pardonner à un être, lors de votre prochaine rencontre, faites comme s'il vivait son dernier jour sur Terre

Vous serez capable d'être centré au niveau coeur, quoi qu'ait pu faire cette personne. Vous serez généreux, chaleureux et débordant d'amour. Prenons l'exemple d'une personne qui vous a fait de la peine. Imaginez que vous allez lui rendre visite et qu'elle vit son dernier jour sur Terre. Voyez combien vous l'appréciez pour ce qu'elle est, pour le cadeau qu'elle vous a fait et l'amour qu'elle vous a donné. Voyez comme il est facile d'abandonner toute rancoeur et de voir cela d'un niveau plus élevé quand vous imaginez que c'est son dernier jour. Lorsque vous la rencontrerez à nouveau, réellement, faites comme si c'était son dernier jour. Voyez comme vous prenez conscience de choses merveilleuses à son sujet - sa lumière, son être, son amour. Voyez combien elle n'avait pas de réelle intention de vous faire mal, qu'elle agissait ainsi à cause de sa propre peine, de sa confusion ou de son manque de clarté. Peut-être avez-vous touché un point sensible en elle, qui l'a fait réagir, comme un robot, à un programme de peines déjà présentes en elle.

Vous *pouvez* vous placer sur de plus hautes perspectives. Vous pouvez faire de tous vos contacts des moments élevés et affectueux. Visualisez comment vous agiriez avec différentes personnes s'il ne vous restait qu'une occasion de les revoir. Envoyez-leur alors un message télépathique disant que vous leur pardonnez complètement et que vous leur envoyez votre amour. Imaginez qu'il ne vous reste qu'un seul jour pour accomplir ceci. Même si de leur côté elles ont fait leur chemin, il existe toujours un lien télépathique et vous pouvez le clarifier. Si un être est décédé et que de la colère subsiste en vous, vous pouvez transmettre le pardon à travers votre âme et la personne recevra le message.

Libérez-vous de vos peines intérieures. Placez-vous dans un état paisible et élevé. Lorsque vous contactez ces différentes personnes, asseyez-vous tranquillement avec elles, sans remuer la situation, au delà des détails, et en restant tranquillement ensemble. Dites-leur que vous savez qu'elles ne vous voulaient aucun mal et que vous comprenez leurs actes. Baignez dans l'amour, et la peine disparaîtra.

Même lorsque vous décidez d'opérer à partir d'un plan plus élevé et de baigner dans l'amour, il se peut que vous ne puissiez pas le faire bien longtemps dès la première fois où vous êtes avec quelqu'un. Fixez-vous un temps pendant lequel vous pensez tenir ce niveau élevé d'énergie. Vous pouvez peut-être garder cette nouvelle identité ou tenir cette attention d'amour pendant dix minutes. Si vous avez eu une situation difficile avec quelqu'un, n'essayez pas de passer quatre à cinq heures avec cette personne dès votre première tentative. Prévoyez des contacts assez brefs, un laps de temps que vous pensez maintenir au plus haut degré. Si vous vivez avec cette personne, trouvez des choses à faire qui vous occupent et vous tiennent éloigné des ces énergies jusqu'à ce que vous vous sentiez prêt pour le contact.

Si vous vous êtes battu, si vous avez eu des expériences négatives avec une personne, ou si elle vous a rejeté, arrangez votre prochaine rencontre de telle manière et dans de telles circonstances que vous puissiez maintenir un espace plus ouvert à l'amour. Lorsque vous sentirez que vous vous refermez, que vous allez vous mettre en colère ou avoir de la peine, trouvez une excuse pour partir. Vous verrez que, par la pratique, cela devient de plus en plus facile; ainsi, vous pourrez rester de plus en plus longtemps centré sur un niveau élevé, jusqu'à ce que vous soyez capable de le faire naturellement et automatiquement. Vous découvrirez progressivement un nouveau soi, plus élevé et plus chaleureux.

1) Si vous vivez en ce moment une situation qui vous peine, si vous ressentez de la colère après quelqu'un ou si quelqu'un est en colère après vous, écrivez-le ici :

2) Asseyez-vous tranquillement et invitez votre âme en vous. Emplissez votre mental de pensées de paix. Imaginez que vous vous élevez vers des plans de plus en plus élevés et paisibles. Demandez à votre âme de vous dévoiler ce que vous avez à apprendre de cette situation. Voyez l'autre personne agissant de façon délibérée dans ce rôle afin de vous enseigner quelque chose que vous avez besoin de connaître. Ecrivez ici ce que vous voyez maintenant :

3) Imaginez que votre prochaine rencontre avec cette personne sera la dernière rencontre - peut-être son dernier jour sur Terre. Imaginez aussi que vous êtes la personne la plus protégée, la plus chaleureuse, la plus compatissante, la plus sage que vous connaissiez. Que lui diriez-vous pour guérir la situation et créer l'amour entre vous ?

12

EVEILLER L'INTUITION

Qu'est-ce que l'intuition, et comment fonctionne-t-elle ? Il est plus facile d'expliquer ce qu'est l'intuition en disant ce qu'elle n'est pas. Elle n'est pas le mental, qui essaie de tout prévoir. Elle ne fonctionne pas comme un ordinateur qui additionne a, b et c pour obtenir d. Elle n'utilise pas les principes de la logique. L'intuition n'est pas l'ego; elle n'opère pas dans le monde de la forme et de la structure.

L'intuition est la capacité à connaître au-delà des mots, à sentir la vérité sans explication. L'intuition agit au-delà du temps et de l'espace; c'est un lien avec votre soi le plus élevé. L'intuition n'est pas limitée au corps physique. Elle agit en sachant que le passé, le présent et le futur sont simultanés. Elle prend les désirs de votre mental conscient, va dans le futur et trouve les clés pour vous permettre de les exaucer. Elle vous parle par images, révélations et impulsions. Contrairement à ce que voudrait l'intellect, elle ne vous dit pas : "Je dois faire cela demain, c'est sur ma liste et c'est le bon moment". L'intuition vous dit plutôt : "Ne serait-ce pas amusant, ne serait-ce pas joyeux ? C'est ce que j'ai envie de faire aujourd'hui". Souvent l'intuition est ressentie sous l'apparence d'un enfant qui joue en vous et essaie de vous détourner de votre dur labeur pour un monde ludique et joyeux, empli de fortes impulsions intérieures. Ce qui est merveilleux, c'est que dans ce monde enjoué, vous pouvez trouver toutes les réponses aux questions qui attendent depuis des mois.

L'intuition peut synthétiser des idées en un instant. Les génies, comme Edison ou Einstein, travaillent à un niveau d'intuition très fin et élevé. Ils tirent leurs idées hors du temps et de l'espace. L'intuition va au-delà de ce qui est connu, vers l'inconnu. Elle peut vous aider à trouver des solutions et des informations qui n'ont de racine dans aucun mental humain. L'intuition, assimilée au sixième chakra, est associée à la couleur indigo. Si vous vous sentez attiré vers cette couleur, cela peut signifier que vous vous éveillez dans ce domaine. Pour ceux d'entre vous qui développent ce sixième chakra, appelé aussi le troisième oeil, le défi consiste à écouter votre intuition et à agir ensuite selon elle.

De nombreuses portes s'ouvrent lorsque vous suivez votre intuition

En moins d'une seconde, vous pouvez trouver la solution de problèmes sur lesquels vous travaillez depuis des années. Par exemple, vous désirez quitter votre travail, et votre intellect ne cesse de vous répéter : "Si tu le quittes, tu n'auras pas assez d'argent, tu ne peux pas faire cela". Cependant votre intuition vous dit : "Pourquoi ne penserais-tu pas pouvoir le faire ? Il se produira peut-être un miracle ou deux pour que cela se réalise" Pour établir un pont entre l'intellect et l'intuition, utilisez l'énergie du coeur, de la confiance et de la foi. L'intuition vous donnera souvent des réponses qui ne semblent pas logiques, et pourtant, ces réponses sont efficaces si vous leur faites confiance et si vous les appliquez.

Comment pouvez-vous développer votre intuition ? D'abord et avant tout, apprenez à lui faire confiance. Vous entendez ces chuchotements, vous avez des idées sur ce que vous devez faire et comment vous devez être. Vous avez tous, certainement, une vision d'une vie plus enrichissante pour vous; pourtant, certains d'entre vous ne se permettent pas souvent de rêver de cette vision, et bien peu ne lui font pas suffisamment confiance pour en faire une expérience quotidienne.

Le monde de l'intuition a aussi ses pièges. Entre autres, l'intuition travaille dans le futur, et vous pouvez être si ébloui par les idées futures que, par contraste, le présent vous semble fade et monotone. Il existe une différence entre la réalité physique et la réalité mentale. Le monde physique est constitué d'une énergie beaucoup plus lente que le monde de l'intuition ou celui des pensées. En conjuguant l'intuition et votre mental, vous pouvez concevoir une idée, l'amener à bien, et la vivre en un instant. Concrétiser réellement une idée demande beaucoup plus de temps, parce que le monde de la réalité physique évolue dans la forme et dans le temps. Cela peut être beaucoup plus amusant de penser à une idée que de la créer réellement. Si vous voulez transmettre votre intuition au monde physique, développez la patience, la confiance, l'espérance et la concentration.

Vous avez tous la capacité d'utiliser votre intuition et de suivre vos idées. Il arrive que vous sachiez qui sera votre interlocuteur lorsque le téléphone sonne. C'est cela l'intuition. Vous pouvez visualiser la personne que vous voulez être. Vous devez alors prêter attention à cette vision, l'accorder à vos actions, vos attitudes, votre comportement et vos paroles. Vous sentirez votre vrai pouvoir lorsque vous agirez selon votre intuition.

Vous réalisez plus rapidement vos buts lorsque vous agissez avec intuition

Au niveau de l'intellect, vous avez sûrement une liste de choses à faire, commençant par : "je dois". Vos journées, vos semaines et vos mois sont planifiés. Pourtant, vous vous demandez pourquoi vous ne vous sentez pas joyeux et libre. Vous vivez peut-être trop dans le monde de l'intellect. L'intellect et l'intuition correspondent respectivement au cerveau gauche et au cerveau droit. Le cerveau gauche mémorise, raisonne et pense de manière séquentielle et temporelle. Le cerveau droit génère l'intuition et les sentiments, la créativité et l'imagination; c'est le monde qui existe au-delà des mots.

Il n'est pas suffisant de vivre dans le monde de l'intuition; une personne vivant uniquement dans cet espace vit dans un monde de rêves et d'idées, et aussi, peut-être, de prétention.

Vous connaissez des êtres qui ne cessent de parler de leurs grandes visions et de leurs plans, mais qui sont pauvres et n'ont jamais rien créé. Il faut beaucoup de concentration, de patience, de volonté et de détermination pour amener vos intuitions à la réalité. Dans la réalité physique, au moment même où vous concevez une idée, celle-ci est déjà ancienne. C'est pourquoi il est important que vous ayez de l'estime pour vos actions antérieures, et que vous aimiez votre passé. Tout appartient au passé au moment même où votre intuition émerge à votre conscience. Ayez de l'estime pour la personne que vous avez été, ainsi que pour le chemin que vous avez parcouru; honorez et aimez votre passé.

Vous avez souvent tendance à dévaloriser ce que vous avez fait. Si vous écrivez un livre, par exemple, vous n'aimez peut-être pas vos écrits de l'an passé. Si votre métier comporte une évolution hiérarchique, vous regardez en arrière et dites: "Je n'étais que ...... il y a deux ou trois ans". Plus vous estimez votre passé, plus vite vous serez capable d'entendre la voix de votre intuition, et vous pourrez aller vers votre futur. Il vous est difficile d'entendre votre intuition si vous n'aimez pas ce que vous étiez, parce que l'intuition s'ouvre au niveau auquel vous pouvez aimer ce que vous avez accompli autrefois. Plus vous aimez ce que vous incarnez et plus vous agissez à un niveau élevé d'intuition.

Envoyez de l'énergie d'amour à votre passé

Il est important de purifier vos mémoires parce que, souvent, l'ego extrait de votre passé ces mémoires négatives non-désirées afin de vous limiter. Observez les qualités d'âme que vous développez durant les moments pénibles et reconnaissez que vous agissiez au mieux de ce que vous connaissiez alors. La perspicacité, les aptitudes et les dons que vous possédez aujourd'hui se sont développés durant ces moments.

Chaque leçon vous laisse suffisamment évolué pour aborder

l'étape suivante. Reconsidérez-vous les choses merveilleuses que vous avez réalisées ? Vous gardez en vous les mémoires de choses accomplies avec succès, selon vos désirs. Si vous n'en conservez pas une mémoire précise, réunissez alors différentes expériences similaires pour vous aider.

Si vous voulez concrétiser vos visions intuitives, vous devez en saisir les images, les ralentir, les garder à l'esprit et cultiver la patience pour agir dans le sens de ces visions. Au moment où vous saisissez cela, les visions deviennent une mémoire, et ainsi appartiennent au passé. Il est important de se souvenir du passé de façon positive car il contient les visions que vous vous apprêtez à réaliser.

Pensez à nouveau à la liste de «je dois» établie par votre intellect. Vous pouvez passer des semaines, des mois, des années même, à essayer d'organiser votre futur, pensant au différentes étapes. Il est intéressant d'avoir un plan qui vous donne la foi et la croyance que vous pouvez atteindre ces buts. L'essentiel est de garder une vision stable de vos buts. Si vous suivez un plan de façon trop rigide, vous reniez les miracles et le courant créatif de l'énergie qui coule en vous. Il est plus efficace et plus facile de créer ce que vous désirez en suivant votre intuition. Elle peut vous amener, avec enjouement, tous les buts et les visions de votre intellect, et même bien plus. L'intuition vous souffle souvent : "Ne fais rien aujourd'hui, promène-toi en forêt, va dans une librairie, fais quelque chose sans intention aucune". Ensuite observez : vous avez produit plus dans le sens de vos buts les plus élevés au long de cette journée qu'en suivant le plan prévu. Vous avez peut-être découvert une idée qui vous avance de six mois dans la réalisation de vos buts - parce que l'intuition vit dans le futur. Beaucoup d'entre vous préféreront vivre dans le futur plutôt que dans le présent ou le passé. Mais n'oubliez pas : c'est une chose de vivre dans le futur et d'en ramener des visions vers le présent, mais c'en est une autre que de ne jamais agir à partir de ces visions. Si vous n'agissez pas à partir de vos visions, vous ne pourrez pas créer la vie que vous désirez.

La meilleure manière d'éveiller votre intuition c'est de l'écouter

Combien d'entre vous ont entendu ces chuchotements qu'ils ont feint d'ignorer ? Combien d'entre vous ont entendu des chuchotements concernant le métier qu'ils aimeraient faire, et ont persisté à trouver des raisons pour ne pas le faire ? Ne serait-il pas plus simple de créer des raisons pour y parvenir ? Cela consume beaucoup plus d'énergie de vous freiner que d'aller de l'avant. Voyez comme vous êtes épuisé lorsque vous demeurez dans le négatif et comme vous débordez d'énergie - et comme tout est facile - lorsque vous demeurez dans le positif. Vous désirez peut-être quitter votre travail pour faire quelque chose de vraiment passionnant. Votre mental n'arrête pas de vous chuchoter que ça va marcher; vous entendez d'autres personnes parler de leur réussite dans ce domaine et l'univers vous envoie toutes sortes d'indications pour vous dire que c'est le bon choix. L'intuition vous indique le chemin vers le futur en vous laissant attirer vers des choses que vous aimez.

Lorsque vous suivez cette voix, vous voyez les portes s'ouvrir partout. Si vous trouvez une porte fermée, c'est parce que l'univers vous indique qu'il existe un meilleur chemin. Ne cherchez pas à défoncer les portes; regardez autour de vous les portes qui sont ouvertes.

L'intuition vous parle au présent. Par impulsions, étincelles d'idées, inspirations ou sentiments, l'intuition vous montre le chemin. Pour l'entendre, il faut prêter attention à votre monde intérieur d'idées et de sentiments. Si vous vous forcez vers quelque chose alors que vos sentiments semblent vous pousser ailleurs, c'est que vous n'écoutez pas votre intuition. Votre intuition vous envoie sans cesse des messages, vous dictant à chaque instant ce qu'il convient de faire pour ouvrir votre énergie. Elle vous mène toujours vers la vitalité et les plans supérieurs.

Votre intellect doit se battre souvent avec votre intuition. On vous a appris à respecter votre intellect, dans votre éducation, dans votre culture scientifique, par une vision traditionnelle et académique d'un monde orienté vers ce qui est rationnel et logique. Pourtant, de nombreuses découvertes - la radio, l'électricité, la télévision - sont nées de la synthèse entre l'intellect et l'intuition. L'intellect peut se développer; il aime diriger les situations. Il peut aussi se sentir trahi par l'intuition. Beaucoup d'entre vous croient encore que si c'est trop facile, ce n'est pas bon ou bien, et que si vous ne faites pas d'efforts, ça ne marchera pas. L'intellect peut utiliser ces pensées pour garder le contrôle.

Lorsque vous suivez votre intuition, tout est toujours facile

Votre intellect aime à tout planifier de manière logique; votre intuition est spontanée. La souplesse est importante. Si vous vous fixez de façon rigide sur des plans, il se peut que vous ne receviez pas la plupart des messages envoyés par votre intuition pour vous aider à agir plus simplement. Si vous résistez à faire quelque chose, arrêtez tout, et cherchez à savoir ce que vous devriez faire. Il se peut que ce ne soit pas la meilleure solution, ni le meilleur moment. Si vous faites confiance à vos sentiments et agissez d'instant en instant, vous serez en harmonie avec votre intuition et avec l'univers.

L'intellect a son rôle à jouer; il fait des plans, décide de la marche à suivre et agit. L'intellect est comme le capitaine d'un navire, consultant ses cartes, traçant sa route et dirigeant le bateau. Pourtant, ce sont le temps et l'état de la mer qui déterminent la route; le capitaine doit rester souple et utiliser ses cartes comme des guides. Il en est ainsi avec l'intellect qui dirige votre navire. L'intuition vous indique la présence d'une tempête ou la possibilité d'un détour - qui peut s'avérer être un raccourci; elle intègre votre tracé futur pour vous amener le meilleur. Utilisez votre intellect pour fixer vos buts, pour programmer ce que vous préférez; la meilleure manière d'utiliser l'intellect, c'est pour avancer, pour fixer les buts et pour agir dans ce monde. L'intuition vous y conduira de la meilleure manière, la plus rapide et la plus facile - si vous suivez vos sentiments, vos idées, vos impulsions intérieures, et vos désirs les plus profonds.

Prenons l'exemple de quelqu'un qui désire trouver un nouveau métier. S'il se laisse aller à visualiser ce qu'il veut, l'intuition le guidera. Un jour, alors qu'il suivra une joyeuse impulsion le poussant à faire une petite promenade, il rencontrera une personne ou bien trouvera une idée qui sera la clé de son entreprise. L'intellect essaie de construire un chemin logique et ne cherche pas à savoir comment tout cela pourrait arriver. Vous devez faire preuve d'une grande confiance pour suivre vos sentiments et vos intuitions, parce que l'intuition ne vous guide, généralement, que pas à pas.

Vous pouvez apprendre à éveiller votre intuition en apprenant à écouter vos sentiments et à agir en conséquence. Lorsque vous avez l'impulsion de faire quelque chose, faites-le. Ne vous forcez pas à faire quelque chose que vous n'aimez pas - écoutez vos sentiments. Commencez à vous ouvrir à une nouvelle manière de gagner votre vie. Agir selon vos sentiments peut exiger une grande foi. Regardez les moments passés, lorsque vous écoutiez vos impulsions intérieures, que vous agissiez selon elles, et que vous étiez stupéfait de votre succès.

Suivre votre intuition vous demande beaucoup de confiance. Pour développer cette qualité, souvenez-vous des expériences passées, lorsque vous aviez confiance, lorsque vous aviez écouté ces petites voix et que vous aviez agi selon leurs chuchotements. Agir selon l'intuition demande souplesse et spontanéité. Pour développer ces qualités, souvenez-vous des moments où vous vous étiez montré souple, où vous aviez abandonné vos plans et que tout avait fonctionné au-delà même de vos espérances. Si vous voulez être plus efficace, écoutez ces voix et agissez ainsi. Autorisez-vous à jouer. Faites ce que vous avez toujours voulu faire. Redevenez un enfant. Créez le jeu dans votre vie et vous verrez que votre énergie créatrice s'éveillera et coulera en vous comme elle ne l'a jamais fait.

1) Décrivez ici trois moments du passé au cours desquels vous avez suivi votre intuition - agissant peut-être d'après une impression, une idée, une impulsion - et qui ont été positifs :

2) Ecrivez trois choses que votre mental vous chuchote - ou même vous crie - de faire (des choses petites ou importantes) :

3) Pensez à une action que vous pourriez faire pour amener ces trois choses dans votre vie

4) Notez sur un calendrier la période durant laquelle vous ferez ces différentes actions

13
LE MENTAL, LE DIALOGUE INTERIEUR ET LA TRANSMISSION

Votre mental envoie de puissantes émissions énergétiques. Elles déterminent votre façon de vivre le monde et ce que vous créez. Vous pensées sont magnétiques; vous les émettez et elles attirent à vous les choses auxquelles vous pensez. Votre dialogue intérieur est important parce que la façon dont vous vous parlez détermine les événements, les personnes et les objets que vous attirez.

Pour devenir plus lumineux, pour attirer des événements plus heureux dans votre vie, il est essentiel d'utiliser des mots et des pensées élevés lorsque vous vous parlez ou lorsque vous parlez aux autres. Vos pensées créent la réalité; elles vont dans le monde et affectent les autres. En montant vers des plans plus élevés de la réalité, vous voudrez élever vos pensées en améliorant leur qualité. En commençant à penser de façon plus pure, plus douce, vous commencerez à transformer le magnétisme de votre corps et à résonner avec des niveaux plus élevés de l'univers.

Vous pouvez commencer par observer votre dialogue intérieur. Vous jugez-vous fréquemment en tort? Pensez-vous que vos efforts sont insuffisants? Etes-vous toujours en train de vous presser, d'aller plus vite, de vous imposer des limites déraisonnables? Essayez-vous toujours de faire plaisir aux autres, car vous pensez que si quelqu'un est malheureux c'est de votre faute et que vous n'avez pas bien fait? Etes-vous critique, porté à trouver la faute plutôt que de voir ce qui est bon, cherchant à savoir ce qui ne marche pas ou ne convient pas? Vous centrez-vous sur ce qui manque, ce qui ne va pas ou plutôt sur ce qui est bien et qui marche?

Apprendre à contrôler votre dialogue intérieur c'est apprendre à rendre votre mental obéissant plutôt que de le laisser vous contrôler. C'est apprendre à avoir la capacité de choisir les pensées qui viennent à votre mental plutôt que d'être dirigé par des pensées qui surgissent au hasard. Le but d'évoluer consiste en partie à amener le mental sous le contrôle de l'âme. En observant votre dialogue intérieur, en vous aimant et en vous pardonnant pour toutes vos erreurs (qu'il est préférable de voir comme des expériences instructives), vous montez le niveau de votre pensée. Prenez conscience des mots que vous utilisez et des sentiments que vous avez à leur égard.

Utiliser sans cesse des mots élevés et pleins d'amour augmente les vibrations de votre mental

Si vous ne pouvez pas vous centrer longtemps sur une pensée, ne vous inquiétez pas. Il faut des années d'observation incessante et de détermination pour amener le mental à un point de silence et de centration. Chaque fois que vous réussissez à vous centrer sur des pensées ou des idéaux plus élevés, même pour un court instant, félicitez-vous. N'oubliez pas de porter votre attention sur des pensées plus élevées, lorsque vous y pensez. Trouvez les mots qui vous font du bien lorsque vous vous les prononcez.

Si vous vous sentez anxieux ou déprimé, utilisez des mots positifs pour monter votre énergie. Ce sont les mots de l'âme. Vous n'avez pas besoin d'en faire des phrases. Dites-vous des mots tels que: AMOUR, CLARTE, VOLONTE, INTENTION; dites : "JE SUIS FORT, GENEREUX, CHALEUREUX, EN-GAGE, RAYONNANT, LEGER, LUMINEUX, ENTHOU-SIASTE, PAISIBLE, TRANQUILLE, SEREIN". Pensez à tous ces mots si beaux et débordant d'inspiration. Vous n'avez pas besoin d'en faire des phrases pour qu'ils atteignent les espaces les plus profonds de votre être. Lorsque vous prononcez le mot paix, vous vous ouvrez à la vibration de paix qui existe dans l'esprit de milliers de personnes de par le monde. Vous entrez en relation avec des pensées et des événements pacifiques, car le monde extérieur a beaucoup d'énergie de paix à laquelle vous pouvez vous relier. Utilisez des mots positifs, élevés lorsque vous vous parlez, des mots tels que : SANS EFFORT, INSPIRE et CREATIF. Faites une utilisation consciente de ces mots élevés. Lorsque vous ne vous sentez pas bien, répétez-les simplement et vous commencerez à changer vos pensées.

Lorsque vous vous parlez, utilisez le temps présent. Au lieu de dire: "Un jour, je serai", dites : "Maintenant je suis". Le mental interprète de façon littérale ce que vous vous dites. Si vous dites : "Je serai heureux", le mental le prend littéralement et crée que vous voulez non ceci comme un événement à vivre maintenant mais quelque chose à vivre dans le *futur* (ce qui signifie que vous ne le vivrez jamais). Faites attention à ne pas mettre ce que vous désirez au présent sous une forme future. Faites plutôt comme si vous le possédiez déjà : "Je m'aime comme je suis aujourd'hui. Je suis heureux aujourd'hui. J'ai de l'argent maintenant. Je vis avec ma compagne, aujourd'hui". Cela peut ne pas sembler vrai lorsque vous le dites, mais ça le deviendra très vite.

Si vous dites : "Je ne suis pas assez bien", votre mental prend cette phrase et commence à créer des événements extérieurs où vous expérimenterez que vous n'êtes pas assez bien. Prenez conscience qu'environ 40 à 50 000 pensées traversent votre mental chaque jour. Si vous pouvez transformer ne serait-ce que 2 000 d'entre elles en pensées de lumière, d'amour, d'abondance et de joie, vous transformerez rapidement les expériences que vous vivez. En l'espace d'un mois, l'expérience que vous avez de votre vie sera très différente. Il n'est pas besoin d'un si grand nombre de pensées élevées et pleines d'amour pour transformer votre expérience, parce que les pensées élevées et pleines d'amour sont beaucoup plus puissantes que les pensées plus denses.

Parlez des qualités auxquelles vous aspirez comme si vous les possédiez déjà

Si vous voulez être organisé, commencez par dire : "Je suis organisé màintenant" au lieu de : "Je vais devenir organisé". En utilisant des mots élevés, vous changez votre aura, vos émotions, et la santé de votre corps physique. Non seulement vous vous sentez mieux, mais vous commencez à entrer en contact avec des personnes qui ont ces mêmes pensées élevées, et donc à créer des événements plus prospères, chaleureux, joyeux et paisibles.

Observez lorsque vous utilisez : "On doit", "Il faut". Vous parlez-vous fréquemment en ces termes ? Ils éveillent bien souvent de la rébellion et créent des résultats contraires à leurs intentions. Vous parlez-vous plutôt avec la voix d'un parent en colère ou utilisez-vous une douce voix intérieure qui vous permet d'être en harmonie avec votre propre énergie ? Lorsque vous vous surprenez à penser que vous *devez* faire quelque chose, regardez si vous ne pouvez pas transformer cela en quelque chose de plus permissif, plus doux, et d'en faire une suggestion plutôt qu'un commandement.

Travailler avec votre mental est comparable à apprivoiser un cheval sauvage. Au début votre mental se rebelle. Lorsque vous apprendrez à vous centrer, votre mental pourra vous faire dévier en pensant à tout autre chose qu'à ce que vous vouliez. En amenant de plus en plus votre mental sous la guidance de votre âme, vous prendrez conscience que vos pensées aident ou freinent toutes les personnes qui vous entourent, selon ce que vous pensez d'elles. Les pensées que vous émettez peuvent travailler en votre faveur ou en votre défaveur et celle des autres. Imaginez que vous critiquiez quelqu'un qui est absent. Comprenez que, même s'il est absent, cet être peut capter télépathiquement ce que vous dites. Il peut en ignorer l'origine, mais il se sentirait moins fort et moins bien. De même, vous captez aussi les critiques des autres personnes.

Vous pouvez faire monter ou descendre l'énergie des personnes qui vous entourent par les pensées que vous mettez dans votre mental. En développant votre capacité à sentir l'énergie, vous développez votre capacité à agir sur elle. Les pensées sont des énergies très subtiles. Que vous soyez sombre et inconnu ou bien célèbre, vous avez le même effet sur l'humanité. Beaucoup d'êtres élevés choisissent de vivre de façon anonyme. Vous pouvez ressentir que vous êtes spécial, que vous avez une mission importante, et ressentir aussi que vous ne faites rien de votre vie en accord avec ces sentiments. Il y a une pensée collective qui associe les grandes missions avec le fait de devenir célèbre. Maintes âmes, hautement évoluées et accomplissant un travail important, choisissent de vivre dans l'anonymat. Peut-être que votre travail demande à ce que vous restiez avec un petit groupe d'amis, ou dans votre famille. Vous ne pouvez pas connaître la valeur de ce que vous faites ici sur Terre si vous la jugez avec des normes de votre personnalité (qui ne regarde que la forme des choses) ou les normes des autres ou de la société. Vous ne pouvez connaître l'impact de votre vie sur l'humanité qu'avec les yeux de votre âme.

En évoluant vers les plus hauts niveaux, vous ouvrez la porte à tous ceux qui vous suivent

Une grande partie de ce qui est fait pour l'humanité est réalisé télépathiquement, créant des pensées aux vibrations élevées et ne recevant aucune reconnaissance publique. Chaque être qui s'élève facilite la progression de ceux qui le suivent. Avec des pensées plus élevées en tête, vous apprenez vos leçons, vous rayonnez plus d'amour et de paix et vous participez à une oeuvre utile à l'humanité. Par ces pensées que vous émettez, vous influencez de nombreuses personnes. Ne pensez pas que pour avoir un grand impact sur les autres il soit nécessaire d'être célèbre, de passer à la télévision ou d'écrire des livres. Certaines personnes explorent des domaines très particuliers et ainsi, en connection avec le mental universel, ils ouvrent ces portes à l'humanité. Chaque fois que vous créez des pensées plus élevées, plus sages, plus compatissantes, vous rendez service.

Certaines personnes ont de grandes visions de paix pour la planète; aussi lorsque des êtres pensent à la paix, ils se connectent à ces visions. Ces personnes vivent très solitaires, ce sont des êtres d'amour et de bonté, complètement inconnus et vivant seuls, souvent dans des endroits très retirés. Tout ce qu'ils font, c'est d'entretenir ces visions de paix pour que tous ceux qui le désirent puissent trouver ces images télépathiquement disponibles. Beaucoup d'entre vous influencent la Terre télépathiquement par ce qu'ils émettent, dans des mesures que vous ne pouvez pas soupçonner.

Vos pensées sont aimantées. Le niveau de vos pensées détermine non seulement ce que vous attirez mais aussi ce que vous influencez. En élevant vos pensées, vous vous connectez aux forces et aux espaces supérieurs de l'univers. Lorsque votre mental crée une affinité avec ces plans élevés, vous commencez à attirer toujours plus de lumière dans votre vie. Lorsque vous avez des pensées sombres, de peine ou de peur, vous attirez des pensées identiques et vous pouvez trouver plus difficile de remonter la pente, parce que vous êtes en connection avec des gens qui agissent à un niveau plus bas.

Bien que vos pensées créent votre réalité, tant que vous n'aurez pas atteint un certain niveau d'amour de vous-même et de maîtrise mentale, il existera un voile entre vos pensées et leurs capacités à se manifester. Vous pouvez vous demander pourquoi vos pensées ne semblent pas toujours être capables de créer ce que vous désirez. Par exemple, vous voudriez que votre corps soit plus mince et ça ne marche pas. De toute manière, si vous n'éprouvez pas beaucoup d'amour pour votre corps, vous ne voudriez pas que toutes les pensées que vous avez à propos de votre corps se manifestent. Il existe un voile entre les pensées et leur création dans ce domaine particulier tant que les pensées que vous avez de ce domaine particulier ne sont pas élevées. Si vous voulez changer cela, vous pouvez apprendre à penser à votre corps de manière plus aimante. Notez quand vous "enfoncez" votre corps avec des pensées négatives, et transformez alors ces pensées par l'acceptation. En apportant plus d'acceptation et d'amour aux pensées que vous avez à propos de votre corps, vous pouvez alors créer la sveltesse dont vous rêvez car les images négatives ne sont plus là pour créer des dommages potentiels.

Vous ne seriez pas capable de faire face, si toutes les pensées que vous avez se créaient immédiatement. Votre vie changerait trop rapidement. Votre maison serait différente chaque jour. Votre monde ne pourrait pas fonctionner si tout changeait à la rapidité de vos pensées. Aussi, vous avez tissé un voile entre vous et la manifestation de vos pensées. Vous pourrez manifester plus facilement vos pensées dans les domaines qui sont élevés et débordants d'amour. Si vous ne maîtrisez pas le manque d'amour existant dans certains domaines, il serait destructif de manifester instantanément vos pensées dans ce domaine. Si vous essayez d'obtenir quelque chose et que cela ne marche pas, regardez les pensées que vous avez dans ce domaine de votre vie, et transformez les pensées négatives en des pensées de plus haute qualité.

Vous avez des liens mentaux dans toutes les directions, que l'on appelle "La Fraternité Mentale" des hommes. Un des buts de votre âme est d'amener votre mental à une vibration plus élevée, plus porteuse d'amour. Pour cela, vous désirez recevoir des pensées, non pas des hommes mais des plus hauts niveaux de la réalité. Si vous pensez, sans en avoir besoin, à d'autres personnes, vous attirez à vous les sentiments qu'elles ont ou le niveau de pensées dans lequel elles évoluent à ce moment. Si elles ont de la peine, vous la prenez en vous. C'est pourquoi, lorsque vous pensez à d'autres personnes, il est essentiel d'envoyer de l'amour; en émettant de l'amour, vous ne pouvez pas recevoir ce qu'elles émettent. Si certaines personnes vous viennent à l'esprit, adressez-leur votre amour et laissez-les partir; ne vous fixez pas sur leur situation ou sur ce qui leur arrive dans la vie car, en faisant ainsi, vous commencez à attirer leur réalité dans la vôtre.

Vous POUVEZ contrôler vos pensées

Vous pouvez entraîner votre mental à choisir ses pensées et à ne plus laisser les pensées émerger au hasard pour vous tenir dans leurs liens. Les pensées présentes dans un mental entraîné ne sont là que par invitation et choix. Vous pouvez renvoyer les pensées négatives en leur disant sans cesse non. Vous pouvez apprendre à les transformer en pensées et en mots plus élevés. Vous pouvez apprendre à vous empêcher de penser aux choses auxquelles vous ne voulez plus penser.

Il existe plusieurs techniques pour entraîner votre mental. L'une d'elles consiste à tenir un objet, une fleur, un cristal ou une bougie, et à vous centrer sur lui durant une minute. Si une autre pensée surgit dans votre mental, vous imaginez qu'elle s'en va, comme un nuage, et vous continuez à vous centrer sur l'objet. En ne laissant pas votre mental vagabonder, vous lui apprenez à penser dans la direction que vous désirez. Faites ceci comme un jeu. Regardez combien de temps vous pouvez obliger votre mental à penser à ce que vous voulez. Regardez si vous pouvez augmenter le temps passé à rester centré, d'une à cinq minutes.

L'étape suivante consiste à regarder cet objet, puis à fermer les yeux et à le recréer dans votre mental avec tous ses détails - couleur, texture, essence de l'objet.

Ceci vous amène à être plus observateur et vous aide à entraîner le mental à devenir plus précis dans ses images intérieures, car souvent vous voyez une chose et votre mental vous dit que vous voyez autre chose. Ceci vous aide aussi à garder une image fixe dans votre mental. Restez avec cet exercice un certain temps, ouvrant et fermant les yeux en alternance, jusqu'à ce que vous puissiez "sentir" la fleur ou l'objet comme s'il était aussi réel en vous que lorsque vous le regardiez les yeux ouverts. Cet exercice vous permet d'apprendre à rendre réel au monde extérieur ce que vous "voyez" dans votre mental. Si vous décidez de voir la beauté autour de vous, commencez par observer ce qui est beau, gardant ces images clairement en vous, et bientôt vous verrez la beauté partout, même là où vous ne la voyiez ou ne l'expérimentiez pas auparavant.

Un mental entraîné crée le calme émotionnel et la paix intérieure en se centrant sur des idéaux élevés, la sagesse et l'amour

Pour entraîner votre mental, une autre méthode consiste à observer simplement pendant un certain temps, d'une à cinq minutes, le flot de toutes les pensées qui vous traversent. Un mental non-entraîné a tendance à laisser son attention se prendre par tout ce qui passe; il est dirigé par les attractions et impulsions du moment, par les signaux de l'univers et tout ce qui va et vient. Regardez le déroulement de vos pensées - de nombreuses pensées sont déclenchées par des stimuli extérieurs tels que la sonnerie du téléphone, la télévision, les gens. Les pensées des autres personnes et les connections télépathiques peuvent aussi stimuler le mental. Le but est d'apprendre à vous diriger de l'intérieur, afin que vous décidiez vous-même de ce que vous voulez penser plutôt que vos pensées soient déterminées par l'environnement. Un mental non-entraîné laisse ses émotions monter et descendre au gré des pensées qui le traversent.

Le bavardage mental a besoin d'être calmé avant de recevoir des informations plus élevées. Si vous pouvez arrêter ce bavardage pendant une seconde, ressentant cette sensation intérieure de calme, n'ayant aucune pensée, vous créez une ouverture pour permettre à de plus hautes vibrations de vous habiter. Entraînez-vous à mettre différentes pensées dans votre mental. Découvrez et expérimentez que vos pensées ne sont pas vous, mais bien souvent le produit de ce bavardage intérieur.

Votre mental est comme une multitude d'antennes dirigées dans toutes les directions de l'espace extérieur. Les pensées vont et viennent rapidement et sont souvent stimulées par des sources extérieures, jusqu'à ce que vous les ameniez sous le contrôle et la direction de votre âme. Notez comme une pensée peut survenir soudain. Souvent, vous vous connectez aux pensées de personnes avec qui vous êtes en relation. Vous avez besoin d'arrêter de répondre automatiquement à vos pensées, et donc aux pensées des autres. Vous pouvez commencer par le faire en orientant vos pensées vers l'élévation, en observant votre dialogue intérieur et en transformant en pensées subtiles, élevées et pleines d'amour tout ce qui n'est pas aussi élevé que vous le souhaitez.

Vous pouvez modifier l'énergie qui existe entre vous et une autre personne en utilisant des mots positifs

Pour entraîner votre mental, voici un autre exercice qui peut se faire sous forme de jeu, avec vos amis et les personnes que vous connaissez. Prenez conscience, si ces personnes utilisent dans leur langage le temps présent, passé ou futur. Utilisent-elles des mots qui vous portent ou bien des mots ou pensées qui font vibrer les cordes de votre soi inférieur ? Dans la conversation, introduisez des mots qui soient plus élevés et lumineux. Vous pouvez sentir votre éclat s'amplifier et votre joie grandir lorsque vous utilisez ces mots d'encouragement. Si vous voulez voir l'énergie monter, utilisez des mots élevés et pleins d'amour; observez alors les changements dans leur énergie et dans la vôtre. En prononçant ces mots, vous vous soignez et vous évitez de vous accorder à des niveaux plus bas de communication télépathique émis par d'autres personnes.

Vous commencerez à vous mettre en harmonie avec les milliers d'esprits qui pensent sur des niveaux plus hauts. Vous deviendrez plus fort et plus clair. Si vous entendez quelqu'un dire par exemple : "Le monde est effrayant" et que vous ne désirez pas que ceci fasse partie de votre réalité, transformez la phrase mentalement et dites par exemple : "Le monde est très joyeux". Vous pouvez utiliser votre mental pour éliminer tous mots négatifs que vous pouvez entendre en les remplaçant par des pensées plus élevées, plus subtiles et plus chaleureuses. Vous deviendrez alors un miroir différent, vous refléterez un plan plus élevé, tout aussi disponible aux autres. Soyez conscient que si vous utilisez ce processus les autres peuvent vous trouver si lumineux et si joyeux que vous serez recherché pour votre bonne compagnie.

Lorsque vous êtes en public, regardez si vous pouvez cesser toute pensée, même pour un instant. Ne réagissez pas, ne jugez pas, ne faites pas le moindre commentaire mentalement sur ce qui est dit. Ne pensez pas à la manière dont vous pourriez venir en aide aux autres; ne pensez à aucune réponse mais écoutez avec un mental silencieux. Sous la surface de ce qu'ils disent, vous commencerez alors à trouver beaucoup de choses comme des sentiments ou des images. Faites ceci avec un grand sens du jeu et de l'amusement.

Vous pouvez maîtriser vos pensées, votre dialogue intérieur et ce que vous émettez. Sans cesse, transformez en positif les pensées négatives qui vous viennent à l'esprit. Fixez votre mental vers des idées élevées, sans vous soucier de ce qui se passe autour de vous. Entraînez-vous à vous centrer, à apprivoiser votre mental et à le mettre en valeur, comme votre ami. En faisant cela vous devenez une source de lumière et d'amour pour tous ceux qui vous entourent.

1) Prenez l'alphabet et pensez aux mots les plus élevés que vous
pouvez trouver pour chaque lettre.

A	N
B	O
C	P
D	Q
E	R
F	S
G	T
H	U
I	V
J	W
K	X
L	Y
M	Z

2) Prenez conscience de vos sentiments maintenant que vous
avez écrit ceci. C'est un jeu que vous pouvez faire même en
conduisant - regardez les plaques minéralogiques des voitures
et trouvez les mots, créez les phrases, les plus élevés avec les
lettres que vous voyez.

3) Prenez un objet, une fleur ou un cristal. Passez une minute
entière à vous centrer sur lui, laissant partir toutes les pensées
qui vous viennent. Notez dans quelle mesure il est facile, ou
difficile, pour vous de garder votre mental centré pendant ce
laps de temps.

4) Prenez ce même objet et voyez si vous pouvez, en fermant les
yeux, vous en souvenir avec exactitude.

14

LA SAGESSE

En devenant conscient de l'énergie qui vous entoure, la sagesse vous aide à la comprendre. Vous commencez à observer que tout ce qui vous arrive est là pour vous aider à vous élever. Comme vous commencez à croire que toutes ces choses sont créées pour votre plus grand bien, ça le devient. Votre point de vue positif crée autour de vous un environnement nourricier qui vous soutient. Cela permet à l'énergie de couler dans votre sens plutôt qu'à votre encontre.

La sagesse est la capacité à voir ce qui se passe autour de vous, à voir la vérité la plus haute, et à vous exprimer avec compassion. Cela rend l'atmosphère amicale plutôt qu'hostile. Croire que ce qui vous arrive est pour votre meilleur rend les énergies négatives inoffensives.

Lorsque vous agissez avec sagesse, vous vous sentez bien en vous-même. Vous savez que vous vous êtes arrêté un instant pour prendre le temps de réfléchir afin de continuer votre chemin ascendant. Ce que vous créez provient alors de cet espace plus élevé. Vous avez déjà fait preuve de sagesse maintes fois. Utilisez les souvenirs de votre passé pour remplir votre conscience de ces moments de sagesse, plutôt que de vous souvenir de vos erreurs.

En devenant plus conscient de l'énergie, vous commencez à sentir les sentiments ou les pensées des autres personnes, à un degré ou à un autre. En vous ouvrant à l'énergie, vous recevez plus d'informations et de ressources de l'univers. La sagesse vous aide à adoucir ces informations, à ré-interpréter ces messages.

Votre façon de voir le monde est aussi votre façon de l'expérimenter. Plutôt que de dire : "Tout est contre moi" ou "C'est pas de chance que cela soit arrivé ainsi", regardez les événements d'un point de vue plus élevé et comprenez que tout ce qui vous arrive peut être vu comme une bonne chose. C'est la sagesse de votre âme, car votre âme essaie toujours de vous aider à voir votre vie d'une manière plus élevée.

Sentir l'amour plutôt que le jugement transforme toute énergie négative en énergie inoffensive

La sagesse vient du coeur. Le coeur sage embrasse les autres avec un sentiment de compassion, quelque soit le niveau d'évolution de leur âme; ils reçoivent des sentiments d'amour et d'unité plutôt que de jugement. L'homme sage sait que lorsqu'il se sent séparé de ceux qui sont moins évolués, il est lui-même séparé de ceux qui le sont plus, et cela retarde son ascension. Par les yeux de l'amour, toute énergie devient belle. Etre sage c'est avoir la capacité de discriminer ce qui est important dans votre vie de ce qui ne l'est pas, de voir quelles sont les choses qui vous distraient et celles qui sont l'appel de votre âme. C'est la capacité de trier toutes les informations qui vous arrivent et de sélectionner celles qui contribueront à votre mieux-être. Il peut s'agir de quelque chose que vous voulez faire mais que vous n'avez jamais eu le temps de faire; vous êtes pris par les tâches quotidiennes, et les demandes des autres personnes. La sagesse consiste à savoir quelles sont les activités qui servent véritablement vos buts élevés et celles qui vous détournent de votre voie. Vous pouvez faire en sorte que les personnes, les pensées et les événements de votre vie soient des moments positifs, des nourritures et des aides. Vous pouvez créer un environnement qui vous soit bénéfique, plutôt que désagréable.

La sagesse est la compréhension du mental et de ses activités.

Votre mental est un magnifique outil d'apprentissage parce qu'il vous motive à apprendre toujours plus sans être jamais satisfait. Quoi que vous soyez en train de faire, votre mental attend déjà la suite. Si vous vous identifiez à votre mental, vous vous sentirez toujours insatisfait et incomplet. En vous identifiant avec votre soi plus profond, votre âme, vous atteindrez un sentiment de contentement intérieur et de paix. Votre être plus profond est la partie de vous-même qui fait l'expérience de vos sentiments et qui sélectionne les pensées.

Plutôt que de résister ou de vous débarrasser de vos pensées les plus basses, émettez parallèlement des pensées plus élevées

Quelque soit l'objet de votre imagination, vous l'obtiendrez. Evoluer consiste, en partie, à choisir de visualiser ce qu'il y a de meilleur. Apprenez à "vous" identifier à la partie la plus profonde de votre être qui choisit les pensées à mettre dans votre esprit, les émotions, les réactions et les désirs. En évoluant, vous utiliserez votre mental pour garder à ces pensées une nature haute et positive. Même lorsqu'elles ont des problèmes, les personnes ayant un mental entraîné ne se font pas prendre par l'anxiété ou la colère, parce qu'elles savent que tout dans leur esprit provient de leur propre choix et sur leur invitation.

Lorsque vous éprouvez de la colère envers quelqu'un, vous pouvez soit l'exprimer soit l'abandonner. Exprimer votre colère, la traduire en mots, veiller toujours à ce que personne ne profite de vous, dire aux autres qu'ils vous mettent en colère, ne fait qu'attirer davantage ce que vous essayez d'éviter. Si vous abandonnez votre colère, elle n'existe plus en vous et vous n'en attirez pas d'autres. Lorsque vous abandonnez tout ce qui vous rend coléreux, triste ou coupable, vous ne l'attirez plus à vous. Vous *pouvez* choisir d'abandonner ces choses sans avoir

à exprimer votre colère, parce que vous participez complètement en tant qu'individu à tout ce qui vous arrive.

Vous pouvez sentir que vous n'avez pas tant de contrôle que
vous le désireriez sur ce qui vous arrive, mais vous *pouvez*
contrôler les réponses que vous donnez. Vous pouvez choisir
votre manière de réagir. Vous pouvez sélectionner les réponses
qui vous permettent de vous sentir bien. Plutôt que d'exprimer
votre colère, abandonnez-la. Plutôt que d'exprimer votre haine,
abandonnez-la. Ainsi les colères et haines des autres ne peuvent plus s'accrocher à vous, car rien en vous ne leur permet de
s'accrocher. Soyez généreux dans le pardon, parce que c'est une
réponse à la colère qui permet de s'élever au-dessus d'elle.

La sagesse permet de discerner les messages auxquels vous devez porter attention des messages que vous devez abandonner

Lorsque des personnes s'adressent à vous avec colère, profé-
rant des choses fausses ou désobligeantes, il est préférable
d'apprendre à leur pardonner. Il est sage d'apprendre à ne pas
répondre au négativités et peurs présentes chez les autres.
Gardez votre coeur ouvert et restez dans cette vision élevée
d'amour et de compassion. De nombreuses personnes parlent
de moments difficiles, blâment les autres ou créent de mauvaises sensations par leur paroles ou leur colère. Apprenez à ne
pas répondre par la colère mais, au contraire, à vous centrer
sur autre chose.

Ne prenez pas offense, car une offense reçue est aussi mauvaise
qu'une offense donnée. Lorsque vous vous sentez offensé, vous
participez à cette énergie négative et ainsi, une énergie négative vous entoure et peut même attirer plus que cela. Lorsque
vous vous sentez blessé, vous fermez votre coeur et ainsi vous
vous coupez du contact qui existe avec votre âme. Ne soyez pas
offensé lorsque quelqu'un agit avec colère ou peur, parce que

cela vient d'un soi plus faible. Apprenez à vous centrer sur les sois plus élevés, parce qu'ainsi vous ferez surgir chez les autres tout ce sur quoi vous portez votre attention.

En vous centrant sur ce qu'il y a de plus élevé chez les autres, vous ferez surgir les pensées les plus élevées que les autres ont sur vous-même. Voyez les autres personnes faire au mieux de ce qu'elles connaissent. Il est important de remarquer quand les autres personnes ne s'adressent pas à vous à partir de leur soi le plus élevé. Répondez-leur avec compassion, comme vous répondriez à un petit enfant qui ne sait pas mieux faire. Pardonnez-leur et abandonnez tout cela. Les autres personnes ne peuvent pas vous blesser; vous seul pouvez choisir de vous blesser par les réponses que vous leur faites. Cela vous donne le pouvoir ultime de contrôler le monde que vous expérimentez. Si vous êtes capable de choisir votre réponse, vous pouvez choisir de ressentir la joie et la paix, et de changer ainsi votre monde.

Apprenez à ignorer ce qui est superficiel et sans importance; ainsi lorsque vous parlerez de ce qui est important, vous serez entendu. Apprenez à accepter ces choses anodines et vous serez capable de prêter attention aux choses essentielles. Apprenez à vous centrer et à prendre conscience de la beauté et de l'harmonie; ainsi vous verrez ce qui est bon et sage. Dirigez vos antennes vers ce qui vous nourrit et vous porte.

Ce qui est agréable pour le soi est toujours agréable pour les autres

Apprenez à faire la différence entre vos désirs et ceux des autres. Vous pouvez acquérir la capacité de choisir ce qui est bon pour vous en le vérifiant avec le soi supérieur. Si vous avez une sensation de lourdeur ou de résistance, prenez le temps de regarder plus en détail. Ce qui est bien pour vous sera toujours bien pour les autres. Vous êtes-vous déjà forcé à aller quelque part avec quelqu'un parce que vous vous sentiez obligé, pour découvrir finalement que cette personne n'avait pas non plus envie d'être là ? N'avez-vous jamais annulé un rendez-vous à un moment où l'autre personne se préparait à vous téléphoner pour la même raison ?

Permettez-vous de choisir les énergies que vous désirez ressentir, celles dont vous voulez faire partie, et les énergies que vous voulez simplement abandonner et laisser partir. En ce moment, il existe peut-être des personnes qui attendent quelque chose de vous, d'autres qui sont déçues par vous, d'autres encore qui vous accusent de ne pas répondre à leur attente. La sagesse consiste à apprendre ce qui est vôtre - vos pensées, vos attentes - et ce qui vient des autres.

Comment pouvez-vous dire que cette énergie est vôtre ou qu'elle appartient à une autre personne ? La plupart du temps vous ne pouvez rien dire avant de «porter» cette énergie. Par exemple, lorsque vous vivez avec quelqu'un ayant un sens moral très strict, vous pouvez avoir le même point de vue. Ensuite, lorsque vous vous séparez, vous découvrez que vous n'avez plus du tout le même point de vue sur le sujet. Vous avez «porté» les croyances de quelqu'un d'autre ce temps là. Souvent, vous ne pouvez pas savoir si un désir est vôtre ou non avant de l'avoir pratiqué. Vous pouvez alors découvrir que vous aimez penser ainsi ou le contraire.

Il arrivera, dans ce processus d'évolution, que vous attirerez dans votre vie des énergies d'autres personnes; vous essaierez alors de vivre selon leur rôles, leurs principes et leurs valeurs pour voir s'ils sont vôtres aussi. Vous pouvez choisir de garder ceux qui vous conviennent. Ce sera un nouveau défi que d'abandonner ceux qui ne vous conviennent pas. Ne vous sentez pas coupable de rejeter les points de vue et croyances d'autres personnes, même lorsque ces croyances semblent très morales et correspondent à ce que les gens appellent «le bien». Vous seul pouvez savoir ce qui vous convient. Il en est de même avec toutes les énergies que vous percevez dans l'univers; si ça ne marche pas pour vous, vous n'avez pas besoin de les garder.

La sagesse est la capacité de savoir
quand il faut agir et quand il ne le faut pas

La sagesse n'est pas le mental bien que le mental y soit inclus. Votre mental collecte tous les faits et essaie de prendre une décision à partir de ces informations. La sagesse combine ce qui vient de la connaissance intuitive, au niveau des sensations de base, avec la connaissance intellectuelle. Elle vous permet de reconnaître les impulsions issues de votre nature inférieure de celles qui proviennent de votre soi plus élevé.

Souvent le mental vous présente plusieurs idées. Il peut y avoir plus d'opportunités que vous ne pouvez en assumer. Ne vous mettez pas en tort si vous n'agissez pas selon celle qui semble la meilleure. Suivez votre plus profonde compréhension qui vous chuchote d'attendre. Si votre mental vous dit d'attendre, et que cette petite voix vous dit d'agir, faite preuve de foi, prenez le risque - et agissez.

Vous pourriez vous demander comment un grand maître peut faire montre de sagesse. Il sait quand il doit être strict et sévère et quand il doit être généreux et chaleureux. Il n'est pas toujours sage de donner aux gens ce dont ils pensent avoir besoin. Les petits enfants peuvent penser avoir besoin d'un stock illimité de sucreries pour être heureux; d'un point de vue plus élevé, vous pouvez voir qu'une bonne alimentation leur sera plus profitable à long terme. Il est quelquefois nécessaire d'avoir, pour les autres, une vision élevée et de les aider à la trouver, plutôt que de leur donner ce qu'ils demandent. Vous pouvez même, parfois, avoir besoin de leur refuser quelque chose dont ils pensent avoir besoin. Les gens qui ont une grande habitude de l'argent savent que donner de l'argent *ne résout pas* tous les problèmes; en fait, cela crée souvent plus de difficultés. Vous pouvez avoir assez d'argent pour aider vos proches dans le besoin, mais, par votre sage soi, vous savez qu'ils ont créé ce manque d'argent pour apprendre quelque chose. Vous pouvez les aider davantage en leur permettant de découvrir leurs buts plus élevés et en les encourageant à faire ce qu'ils aiment, plutôt que de leur donner de l'argent qui ne sera qu'un secours immédiat à court terme. En fait, après l'avoir dépensé, chacun se retrouverait dans le même situation sans avoir évolué. La sagesse consiste à apprendre aux autres à pêcher et non pas à leur donner du poisson.

Le tout est de savoir quand il faut aider et quand il ne le faut pas. Par exemple, lorsque l'on voit des enfants apprendre à faire quelque chose de nouveau, il est tentant de leur montrer comment mieux faire. Pourtant, ils ne peuvent apprendre que s'ils le font par eux-mêmes. Vous devez attendre tranquillement, sagement, et les laisser apprendre, avec leurs essais et leurs erreurs. Il en est de même avec vos amis et avec tous ceux que vous aimez bien. Souvent, le meilleur service que vous pouvez leur rendre est de vous mettre de côté pendant qu'ils apprennent. Si vous entrez dans le jeu et agissez comme leur sauveur, vous pouvez aussi annuler la leçon et l'évolution qu'ils auraient tiré de cette situation; ils devront alors la créer une nouvelle fois. Vous pouvez les aider davantage en leur envoyant de la lumière et en les aidant à trouver ce qu'ils apprennent de la situation. Il peut paraître difficile d'être sage parce qu'il est souvent plus facile de sauter sur la situation et d'aider les autres, plutôt que de rester en retrait à les regarder traverser des leçons difficiles ou même pénibles.

Il est important d'éprouver de la compassion plutôt que de la sympathie

La sympathie consiste à se sentir désolé pour les autres, voyant que ce qui leur arrive est négatif ou mauvais. La compassion consiste à voir que cela leur arrive pour leur permettre d'évoluer, et aussi à les aider à en prendre conscience. La compassion transforme une expérience envisagée comme malheureuse ou mauvaise en une leçon à comprendre. Prenez conscience que lorsque vous éprouvez de la sympathie pour quelqu'un, vous vibrez à son niveau et vous prenez ses énergies lourdes en vous. Avec la compassion, vous ne prenez pas leur négativité.

Etre ferme avec les gens n'est pas toujours facile, mais cela peut être un plus grand cadeau que d'être tout le temps gentil. Vous avez peut-être eu des amis à qui vous donniez sans cesse, et qui ne semblaient pas apprécier ce que vous faisiez. Si votre offre d'aide ne fait pas de bien évident, il est temps de mettre votre énergie ailleurs. A court terme, vous risquez de ne pas vous faire trop apprécier, mais à long terme vous gagnerez à suivre cette sagesse élevée.

L'un des plus grands cadeaux que vous pouvez faire aux autres est de communiquer avec précision, souplesse et vérité. Il faut beaucoup de sagesse pour savoir ce qu'il faut dire et quand il faut le dire. Si vous hésitez à dire quelque chose à quelqu'un, gardez votre silence et regardez en vous. Si vous avez le sentiment que ce que vous allez dire va servir à son évolution, dite-le lui. Si vous sentez que cela tombera dans les oreilles d'un sourd ou qu'il résistera, gardez-le pour vous. Si vous parlez par désir de gain personnel, pour que l'autre fasse ce que vous voulez, il est préférable de garder le silence. Le gain personnel ne peut pas être une motivation si vous voulez vraiment venir en aide. Le silence est puissant, tout comme les paroles prononcées au bon moment.

Prenez un temps avant de parler et interrogez-vous: "Est-ce que cette communication va servir la vision la plus élevée de cette personne ?" Ainsi vous agirez avec sagesse. Une personne sage choisit ses mots avec précision. Avant de parler, elle s'interroge : "Est-ce que cela va aider à son évolution ?" Si cela n'aide l'autre en aucune manière, alors elle ne dit rien. Lorsque vous émettez cette énergie sage et élevée, elle vous revient ensuite.

Prenez conscience du niveau de l'âme auquel vous vous trouvez. N'attendez pas d'un niveau inférieur un moindre gain.

Soyez gentil avec les personnes qui sont en votre compagnie. Toute énergie négative qu'elles vous adressent ne provient que de leurs peurs; vous n'avez pas besoin de réagir par la peur. Pouvez-vous imaginer que vous soyez ouvert et plein d'amour, tout comme les personnes qui vous entourent ? Utilisez votre sagesse intérieure pour voir toutes les situations d'un point de vue élevé, afin d'abandonner toutes les énergies indésirables et de rester centré sur votre amour et votre compassion, quelque soit le degré d'amour des personnes présentes.

Soyez un leader. Osez être sage. Osez être celui qui est le plus chaleureux, le plus compatissant, le plus ouvert et le plus vulnérable. Donnez l'exemple; n'attendez pas que les autres soient ouverts et sages en premier. Vous découvrirez très vite le pouvoir que détient la personne ouverte, sage et pleine d'amour pour transformer l'univers qui l'entoure.

1) Asseyez-vous tranquillement et détendez-vous. Pensez aux jours et aux semaines à venir. Quelles sont les choses que vous avez prévu de faire et qui sont de réelle importance et celles qui ne sont que des distractions à éliminer ?

2) Y a-t-il quelque chose que vous avez prévu de faire demain ou la semaine prochaine et qui ne soit qu'une obligation ou un souhait venant de quelqu'un d'autre que vous-même ?

3) Pensez à quelqu'un que vous connaissez et qui désire obtenir quelque chose de vous. Détendez-vous et contactez votre sage soi. Pouvez-vous donner quelque chose à cette personne, en dehors de ce qu'elle *pense* avoir besoin et qui lui serait vraiment utile ?

4) Quelle est la chose la plus importante que vous pourriez faire aujourd'hui ? Prenez la décision de la faire.

15

LA TELEPATHIE

Il existe deux niveaux dans la communication : la communication verbale et la communication télépathique ou non verbale. Vous avez tous eu des expériences télépathiques. Vous recevez les messages télépathiques de façon émotionnelle ou mentale. Vous êtes une station radio émettrice-réceptrice ambulante, et vous recevez sans cesse des messages de votre environnement et de vos amis. Vous avez des liens télépathiques non seulement avec les personnes que vous connaissez actuellement mais aussi avec celles que vous *connaîtrez* dans le futur, tout comme avec celles que vous avez connues dans le passé. De nombreux liens énergétiques entrent en vous et sortent de vous. Ils sont semblables à des ondes radio qui vous relient aux autres.

Vous pouvez apprendre à baisser le volume, à vous déconnecter, à filtrer ce qui entre et ce qui sort et à transformer l'énergie négative en énergie positive. Les émissions les plus fortes que vous captez sont celles qui viennent des personnes que vous aimez et avec lesquelles vous êtes de tout coeur. Les plus faibles sons proviennent généralement des personnes que vous avez connues dans le passé ou d'amis éloignés. Il est important de savoir régler le volume de réception, la fréquence, ainsi que votre façon de recevoir les messages, émotionnellement ou mentalement, car la qualité de vos contacts télépathiques détermine si votre liaison sera positive et utile ou gênante.

Télépathiquement vous faites partie d'une large communauté composée de votre voisinage et de votre agglomération. Les communautés ont des formes-pensées qui leur sont spécifiques, et ces pensées sont très réelles. Chaque communauté est une poche d'énergie. Vous captez les messages de votre communauté là où vous allez - restaurant, librairie, magasin d'alimentation, et même les voitures que vous croisez. L'énergie est ressentie à un niveau très subtil; les messages télépathiques vous arrivent par les vibrations de l'ensemble des pensées des personnes de votre communauté. Chaque communauté détient son unique mélange d'énergie.

Lorsque vous déjeunez au restaurant, vous captez les sentiments et les pensées des personnes qui vous avoisinent. Vous captez les formes-pensées de votre communauté ainsi que les pensées et les émotions de votre entourage. Plus vous êtes physiquement proche des êtres, plus la réception télépathique est forte.

Soyez conscient des formes-pensées de votre communauté

Vous sentez-vous mieux ailleurs qu'à l'endroit où vous vivez ? Existe-t-il des endroits que vous aimez fréquenter ou d'autres que vous n'aimez pas du tout ? Vous pouvez ne pas être en harmonie avec les formes-pensées du voisinage et de la communauté où vous vivez. Observez vos voisins, leur âge, leurs systèmes de croyances, leur réalité, et vous commencerez à avoir une idée des formes-pensées qui vous entourent.

Les influences télépathiques de ceux qui vous sont proches - les amis et les personnes que vous aimez - sont encore plus puissantes. Vous êtes tous des émetteurs et des récepteurs télépathiques, à un degré ou un autre. Toute communication et processus de guérison viennent en premier lieu dès émissions et des réceptions télépathiques. Elles sont souvent suivies de mots, mais sous les mots prononcés, il existe toutes les nuances de sentiments et d'images qui sont transmises télépathiquement.

Votre mental est comme un poste de télévision pouvant recevoir de nombreuses chaînes. Sur une chaîne, par exemple, il y a votre conjoint. Vous pouvez avoir une chaîne pour chacun de vos amis. Des milliers de messages vous arrivent chaque jour. Vous pouvez apprendre à sélectionner ceux que vous voulez. Etes-vous victime de tous ces messages télépathiques ? Etes-vous tenu à avoir une énergie basse lorsque dans votre entourage l'énergie est basse ? Cela dépend de votre capacité à vous connecter et à choisir ce que vous acceptez en vous. Pour la plupart, vous éprouvez cette télépathie à un niveau émotionnel, absorbant les émotions des autres. Il est bien meilleur de recevoir les messages par l'intermédiaire de vos centres supérieurs. Vous avez tendance à prendre en vous les émotions des autres et à les faire vôtres si vous recevez les informations émotionnellement. C'est de cette façon que beaucoup de gens perdent le sens de ce qu'ils sont.

Imaginez-vous installé dans un appartement alors que la radio du voisin joue à fond du rock and roll; l'autre voisin écoute de la musique classique. Chez vous, dans une pièce la télévision est en marche alors que dans la pièce voisine c'est la radio. Les voisins du dessus et du dessous écoutent des musiques différentes, et de plus, vous entendez des conversations venant de ces appartements. Imaginez comme il est difficile de rester en contact avec votre énergie dans tout ce bruit environnant. C'est pourtant ce qui se passe pour la plupart d'entre vous chaque jour. Cela se passe à un niveau subconscient, mais tous ces bruits et ces bavardages télépathiques sont là.

Vous pouvez apprendre à déchiffrer les messages, à choisir ceux que vous voulez garder et ceux que vous rejetez. Vous pouvez apprendre à arrêter de les recevoir à un niveau émotionnel pour les recevoir par votre soi élevé. Vous pouvez apprendre à utiliser les messages télépathiques qui vous entourent au mieux pour vous et pour les autres.

Imaginez-vous rendre visite à quelqu'un qui est extrêmement tendu et nerveux. Soudainement, vous vous apercevez que vous commencez à vous faire du souci pour votre vie et que vous devenez plus tendu aussi. Vous avez déjà fait tous l'expérience, sans nécessairement le réaliser, d'avoir pris l'énergie émotionnelle télépathique. Vous pensez peut-être : "Je suis une vraie boule de nerfs". Vous pouvez même recevoir des messages en cours de route; n'avez-vous jamais expérimenté en allant rendre visite à quelqu'un, qu'en vous approchant du lieu du rendez-vous, vous devenez plus joyeux, fatigué, malheureux ou bien anxieux ? Ce sont des exemples de messages émotionnels captés d'autres personnes. Les sentiments semblent être les vôtres, jusqu'à ce que vous compreniez qu'ils proviennent d'autres personnes.

Vous ne pouvez pas être conscient de ce que vous captez télépathiquement tant que vous ne connaissez pas votre propre énergie

Pour devenir conscient de votre énergie, centrez-vous dès votre réveil. Vous vous sentez différent chaque matin, vous avez différentes idées en tête. Au réveil, vous n'avez pas encore commencé à capter les transmissions télépathiques des personnes que vous allez rencontrer au cours de la journée. Questionnez-vous : "Comment est-ce que je me sens ?" Vous pouvez sentir que vous vous réveillez tendu, exalté ou heureux. Centrez-vous sur les sentiments que vous éprouvez au réveil, et cela comme un point de référence pour la journée à venir.
Vous pouvez déjà savoir que dans la soirée vous rencontrerez quelqu'un. Vous pouvez penser à quelque chose que vous ferez, au travail en cours. Vous pouvez penser à votre travail, à votre famille ou à vos amis. En vous connectant télépathiquement aux différentes personnes que vous rencontrerez, vous commencez à accueillir en vous leur énergie. Si vous ressentez d'abord vos propres sentiments, vous pouvez être conscient du

moindre changement qui intervient en vous-même lorsque vous êtes avec quelqu'un. Lorsque vous pensez à quelqu'un, prenez conscience des changements qui peuvent se produire dans votre énergie. Par exemple, vous pouvez vous réveiller très joyeux mais, en pensant à votre travail et à vos collègues, vous commencez à vous sentir tendu et soucieux. Vous remarquez alors que vous êtes un peu déprimé ou ennuyé. Si vous ne vous souvenez pas que vous vous êtes réveillé de bonne humeur, vous pouvez penser que *vous* êtes ennuyé ou déprimé. Ayant pris conscience de votre ressenti au réveil, vous pouvez comprendre que vous êtes en train de prendre en vous les soucis et l'irritabilité de vos collègues.

Si vous vous demandez comment les autres vous ressentent, sachez d'abord ce que vous ressentez lorsque vous pensez à eux. Si vous n'êtes pas conscient de votre propre ressenti au réveil ou avant de penser à eux, vous ne serez pas capable d'éprouver la différence en vous lorsque vous pensez à eux. Si vous songez à eux et que vous devenez triste, ressentez qu'ils ne veulent pas de vous ou devenez conscient d'une sensation d'oppression, comparez ces ressentis à ce qui se passait en vous avant que vous ne pensiez à eux. Vous connaîtrez alors, au niveau du ressenti, comment les autres réagissent à vous.

Les personnes sont conscientes des relations non verbales que vous entretenez avec elles, à un certain niveau. Si vous vous disputez télépathiquement avec quelqu'un en lui disant : "Je ne veux pas que tu me traites de cette manière, je ne le supporte plus, je ne veux pas faire cela..." cette personne est consciente de ce que vous émettez envers elle et vous éprouverez un sentiment de lutte et de la résistance; elle n'a pas capté vos mots avec précision. Elle a seulement capté cela comme une impression émanant de vous, en relation avec sa capacité à ressentir; elle peut le vivre à un niveau émotionnel et travailler à ce niveau. Votre message lui laissera une mauvaise impression et elle vous écoutera probablement avec l'envie de vous repousser. Si vous pensez à des personnes qui ne désirent pas être consciente de vous, elles ont toujours la possibilité de se déconnecter des pensées que *vous avez* à leur égard. Si vous ne voulez pas qu'elles vous rejettent, envoyez-leur des pensées d'acceptation chaleureuses. Cela ouvre toutes les portes.

Si vous passez des heures à penser à certaines personnes, vous aimeriez bien savoir si elles passent aussi du temps à penser à vous. Vous pouvez le savoir. Si, lorsque vous pensez à elles, vous ressentez de la résistance et de l'irritation de leur part, alors elles ne sont pas en train de penser à vous et trouvent que vos pensées sont une intrusion. Si, d'un autre côté, vous trouvez agréable et facile de penser à elles et de les visualiser, ou si vous ressentez une chaleur au niveau du coeur, alors elles se réjouissent de vous retrouver à ce niveau télépathique.

Vous pouvez connaître ce que les autres pensent

La première chose à faire est de vous mettre dans un état de relaxation et de vous centrer. Vous ne pouvez pas sentir l'énergie avec clarté lorsque vous avez des émotions intenses. Si vous voulez savoir ce que les autres personnes pensent, détendez-vous et laissez votre mental devenir aussi silencieux que possible. Si vous voulez vous mettre à la place de l'autre, regardez en vous. Presque toujours, le sentiment sous-jacent que vous éprouvez lorsque vous pensez à l'autre est le sentiment qu'il ressent pour vous. Si vous hésitez sur le ressenti que vous avez de quelqu'un, il est très probable que cette personne hésite à votre égard. Si les détails ne sont pas identiques, ce sentiment sous-jacent est quelque chose en quoi vous pouvez apprendre à faire confiance.

Si quelqu'un ne vous téléphone pas alors que vous attendez son appel, observez vos propres pensées et sentiments; les autres captent les pensées et sentiments qui sont en vous. Si, dans votre esprit, vous dites déjà à cette personne : "Je n'aime pas beaucoup la façon dont tu me traites et je n'ai pas envie de te voir", c'est peut-être la raison pour laquelle elle ne vous téléphone pas. Soyez conscient que les personnes reçoivent vraiment vos messages télépathiques, spécialement les personnes qui vous sont proches. Lorsque vous émettez des décisions très nettes, elles sont captées immédiatement par les autres. Vous pouvez ressentir les moments où les autres vous demandent de les joindre télépathiquement. C'est facile et agréable d'être en contact de cette manière. Vous pouvez leur envoyer des messages et ressentir leur présence sans charge dans votre coeur. Vous pouvez visualiser ce qu'ils font sans ressentir de tristesse, d'abattement ou de rejet.

Lorsque vous émettez des messages émotionnels, vous affectez les autres personnes. Ce que vous émettez est reçu par ceux qui vous aiment et vous sont attentionnés. L'humanité est ouverte à la télépathie. C'est à ce niveau que la plupart des guérisons se produisent.

Vous pouvez contrôler les messages que vous émettez et ceux que vous recevez

En contrôlant les messages télépathiques émis et reçus, ceux-ci ne vous affectent plus. Vous êtes tous, à différents degrés, affectés par les autres de façon télépathique. Vous désirez connaître ce que les autres personnes pensent de vous. Vous avez la possibilité de le savoir; il vous suffit d'apprendre à vous mettre en harmonie, de vous connecter. La première manière de ne pas être émotionnellement affecté par les autres consiste à ressentir votre énergie dès votre réveil; ensuite, contrôlez-la régulièrement au cours de la journée. Après un certain temps, vous aurez l'habitude de vérifier régulièrement votre état émotionnel et vos pensées. Faites attention à votre état émotionnel, surtout lorsque vous êtes avec quelqu'un. Vous sentez-vous mieux ou moins bien qu'auparavant? Devenez-vous soudainement las, énervé ou joyeux?

Prenez l'habitude de regarder ce qui se passe en vous. Lorsque vous prenez en vous télépathiquement l'énergie émotionnelle d'une autre personne, vous croyez presque toujours qu'il s'agit de *votre* énergie. Sachant ce que *vous* ressentez, vous pouvez apprendre à reconnaître quand les autres vous affectent. C'est par la pratique que vous apprendrez cela; il n'existe pas de raccourci. Lorsque vous rendez visite à quelqu'un, prenez conscience de vos émotions, de vos pensées et de vos sentiments. Avant un rendez-vous, prenez conscience des changements qui peuvent intervenir. Lorsque vous êtes en présence de la personne, observez encore ce qui se passe en vous. La prise de conscience de ces modifications permet à l'énergie émotionnelle de l'autre personne, que vous auriez prise en vous, de passer par vos centres élevés.

Beaucoup d'entre vous essaient de se connecter à leur soi plus élevé en développant leur capacité à écouter leur guide intérieur. Les messages émotionnels en provenance des autres personnes et vos propres pensées peuvent interférer. Vous pouvez travailler sur vos schémas de pensée qui tendent à rechercher les manières d'être les plus familières plutôt que de nouvelles manières de penser. Changer de schéma de pensée nécessite beaucoup de concentration et de résolution. C'est comparable à la pratique d'un sport. Vous ne courrez pas dix kilomètres dès le premier jour; vous y allez progressivement. Lorsque vous aurez appris à vous harmoniser et à contrôler vos sentiments, vous aurez un sens plus clair de la manière dont vous absorbez l'énergie des autres personnes, sur le plan émotionnel et mental.

Vous recevez des messages télépathiques dans votre centre émotionnel des personnes que vous aimez et qui vous aiment. La plupart des personnes aspirent à des relations très intimes, cette sorte d'amour où deux personnes sont si unies que chacun anticipe les besoins ou les désirs de l'autre. Cependant, la crainte de cette profonde relation éloigne de nombreuses personnes. Si vous n'êtes pas centré et conscient de qui vous êtes, vous ne pouvez pas être uni à une autre personne à ce niveau si profond sans que vous ne vous perdiez vous-même.

Si vous désirez une relation intime et profonde avec un être, commencez par devenir conscient de qui vous êtes

Etes-vous heureux aujourd'hui ? Etes-vous triste ? Pendant un instant, souvenez-vous de l'état dans lequel vous étiez ce matin au réveil. Retournez en arrière et observez comment vous vous sentiez. Revoyez ce que vous avez fait aujourd'hui. Retrouvez certaines de vos émotions; notez vos rencontres ainsi que les changements dans votre énergie émotionnelle. Avez-vous été influencé par les personnes avec qui vous étiez ou auxquelles vous pensiez ?

Il est important de comprendre la réceptivité émotionnelle de l'énergie, parce que durant l'enfance vous receviez les émotions des autres personnes mais vous n'appreniez pas la manière de les arrêter, de les changer ou de les transmuter. Pour la plupart, vous avez traversé l'enfance sans savoir qui vous étiez. Vous étiez si ouvert télépathiquement aux souhaits, désirs et demandes des autres que vous pensiez souvent que ce qu'ils désiraient c'était aussi ce que vous vouliez. Il en résulte que nombre d'entre vous restent confus quant à leur identité. Tous ceux d'entre vous qui désirent soigner, conseiller ou aider les autres, professionnellement ou à titre amical, sont très ouverts télépathiquement.

Vous étiez des enfants très sensibles, conscients des sentiments des personnes de votre entourage et bombardés de messages de toutes parts. Il existe beaucoup de problèmes particuliers liés à l'éducation des personnes sensibles et intuitives. Beaucoup d'entre vous éprouvaient une extrême sensibilité, vous souciant des sentiments des autres plus que des vôtres, ressentant les blessures des autres comme si vous les receviez, essayant de préserver les autres de ressentir de la peine et les aimant sans retour. Le fait de développer cette sensibilité télépathique pouvait correspondre à des messages doubles, venant de vos parents ou des autres : "Non, je vais très bien", alors que vous sentiez de la tristesse ou des tensions. Cela pouvait aussi signifier l'étonnement devant la méchanceté de certaines personnes, alors que vous étiez bien incapable du moindre mal, ressentant la peine chez l'autre, vous demandant alors si les gens n'étaient pas insensibles et froids ou si vous n'étiez pas la seule personne capable de percevoir certaines choses qui vous entouraient.

Pour certains, cela signifiait que vous étiez différents des autres, d'une certaine manière. Vous ne vous sentiez peut-être pas à votre place, et l'école et la vie sociale étaient difficiles à vivre. D'un autre côté, certains d'entre vous utilisaient cette sensibilité pour faire toujours le bon choix et obtenir ce qu'ils voulaient.

Maintes personnes vivent actuellement ces problèmes liés à leur capacité télépathique. Il est important de comprendre qu'une partie de votre incapacité à connaître qui vous êtes provient des capacités télépathiques qui existent en vous. Nombre d'entre vous ont déjà eu des expériences télépathiques, peut-être même plus qu'ils ne le désiraient. L'exemple que j'ai donné précédemment, concernant les radios et les télévisions allumées simultanément, illustre ce que la plupart d'entre vous ont pu vivre pendant leur enfance. Vous receviez des demandes de toutes parts et vous faisiez tout votre possible pour les satisfaire. Vous compreniez qu'il était plus facile de donner aux gens ce qu'ils désiraient, bien que certains d'entre vous se rebellaient et faisaient le contraire lorsque la demande était trop opposée à ce qu'ils étaient ou n'avaient pas l'espoir d'être satisfait. Vous utilisiez la colère et la rébellion pour interrompre tout contrôle télépathique que les autres tentaient d'exercer sur vous.

La télépathie est un problème lorsqu'elle est incomprise et elle devient un cadeau et une responsabilité lorsqu'elle est comprise

Si vous êtes doué de télépathie, vous pouvez envoyer et recevoir des messages. Vous êtes responsable vis à vis des autres lorsque vous envoyez vos messages. La plupart d'entre vous envoient leurs messages à partir de leur centre émotionnel, mais vous pouvez aussi utiliser des mots, plaçant ainsi votre communication au niveau mental. Presque tout le monde ressent les communications télépathiques au niveau émotionnel, mais peu de personnes les ressentent au niveau mental. Ce n'est pas quelque chose qui vous rendra meilleur ou supérieur aux autres. Tant que vous ne la comprenez pas, la télépathie peut tout aussi bien apparaître comme un problème ou un cadeau. Les êtres télépathes peuvent capter et émettre des messages. Comprenez-vous comment vous pouvez influencer les autres avec ce cadeau ?

Vous avez une manière particulière de penser qui fonctionne tout au long de la journée. Avez-vous remarqué que, lorsque vous marchez ou que vous conduisez, votre mental adopte une attitude particulière, concernant peut-être un travail particulier, un sujet superficiel, un problème ou une chose à laquelle vous pensez lorsque vous n'avez rien de mieux à faire ? Vous avez la responsabilité d'élever ces pensées vers des niveaux plus hauts d'énergie, parce que d'autres personnes les captent et en sont influencées. Pour changer ces habitudes de penser, vous devez d'abord décider de les changer, et ensuite faire un effort conscient pour les monter de niveau dès que vous prenez conscience de leur présence.

Il est important d'apprendre à se centrer et à concentrer votre mental sur ce que vous choisissez, pensant à des idéaux élevés plutôt que superficiels. Il importe peu que vos actions semblent mineures ou secondaires; ce qui détermine votre évolution, ce n'est pas le travail que vous faites mais la manière dont vous le faites et ce que vous en pensez. Apprenez à observer vos pensées à propos des choses qui semblent sans importance et vous serez prêt à regarder vos pensées à propos de choses beaucoup plus importantes.

Vous pouvez vous observer à argumenter, dans votre mental,

avec certaines personnes, leur parlant et vous énervant. Vous pouvez vous voir en train de discuter de certains sujets comme si vous aviez une véritable conversation avec elles. Toutes les phrases que vous émettez sont reçues par d'autres personnes. Il s'agit d'une télépathie mentale plutôt qu'émotionnelle. Toutefois, tout le monde n'a pas la capacité de recevoir les phrases aussi clairement que vous les avez énoncées. Certaines personnes les reçoivent comme un sentiment qu'elles éprouvent alors à votre égard. D'autres se retrouvent dans une discussion mentale en votre compagnie. Vous pourrez noter que la prochainement fois que vous vous rencontrerez, vous commencerez à parler à partir de l'endroit où vous avez cessé de le faire mentalement.

Si vous êtes télépathe, vous avez une responsabilité - vous ne pouvez pas prétendre ne pas savoir ce qui se passe entre les autres personnes et vous-même. Vous le savez vraiment, à un niveau profond, et vous pouvez amener cette connaissance à la lumière de la conscience. Vous ne pouvez pas éviter la responsabilité de ce que vous émettez non plus, parce que, lorsque vous envoyez de la colère, celle-ci part vers tous les êtres que vous connaissez. Vous entrez alors en résonance avec toutes les personnes qui sont en colère, et vous absorbez en retour ce qu'elles émettent. Vous pouvez penser que vous n'envoyez votre colère que vers la personne que vous ne supportez pas, mais soyez conscient qu'à un niveau télépathique, cela se propage sur toute la planète. Lorsque vous êtes paisible et plein d'amour, vous émettez cette énergie vers les autres et elles peuvent l'utiliser si elles le désirent.

Lorsque vous pensez aux autres, ils reçoivent votre énergie

On m'a souvent demandé : "Lorsque je pense à quelqu'un, est-ce que cette personne pense à moi ? Qui a pensé à l'autre en premier ?" C'est une question très intéressante et la réponse n'est pas simple.

Lorsque vous pensez soudainement à une personne à laquelle vous ne pensez pas souvent, et qu'alors vous recevez une image claire et précise de cette personne - celle-ci pense vraisemblablement à vous à ce moment là. Si vous entretenez des relations suivies avec une personne qui occupe souvent votre esprit - vous posant des questions mentalement, dialoguant avec elle mentalement - il n'est pas aussi certain que cette personne pense à vous à ce moment précis. Imaginez que, lorsque vous pensez à quelqu'un, vous êtes en train d'enregistrer et d'envoyer une cassette. Vous n'avez pas besoin d'être connecté instantanément. La personne recevra votre message lorsqu'elle sera en état de réceptivité. Les gens peuvent ne pas recevoir vos messages aussi clairement que vous les envoyez, mais ils les reçoivent, d'une manière ou d'une autre.

Si vous discutez avec quelqu'un, mentalement, lui disant que vous n'aimez pas la manière dont vous êtes traité, si la personne est fortement empathique (capable de recevoir), votre message sera entendu et vous serez alors conscient du débat qui se poursuit; si la personne n'est pas développée télépathiquement, vos pensées seront reçues comme une impression, un ressentiment ou une colère, et la personne pourra se sentir troublée ou en colère. Elle ne recevra peut-être pas le message au moment où vous l'envoyez, mais elle l'entendra plus tard, comme une cassette enregistrée, lorsqu'elle pensera à vous et qu'elle sera dans un état de réceptivité - dans un moment de silence, de réflexion, de rêverie, de méditation ou tout autre état de repos mental. Vous pouvez assimiler ces messages mentaux à des appels téléphoniques. Personne ne peut vous appeler lorsque vous composez une numéro de téléphone, parce que la ligne est occupée. Vous ne pouvez communiquer qu'après avoir composé le numéro. Lorsque vous pensez à quelqu'un, vous êtes en train de lui adresser un message. Lorsque vous écoutez, vous n'émettez pas. Vous avez peut-être remarqué que, lorsque vous attendez un certain appel, vous ne

171

recevez aucun autre appel; mais, cinq à six heures plus tard, le téléphone ne cesse de sonner. De même, vous pouvez être trop occupé, et ne penser à personne. C'est parce qu'habituellement - sans en faire une généralité - les personnes prennent le temps de recevoir les messages et d'agir en conséquence. Tout comme ces personnes ne répondent pas au téléphone lorsqu'elles sont absentes, il leur faut un certain temps pour être dans un silence propice à l'écoute de votre message. Si elles sont en silence, peut-être en train de méditer ou de rêver, lorsque vous leur adressez votre message, elles le reçoivent instantanément et peuvent même réagir aussitôt.

Lorsque vous pensez à des personnes avec lesquelles vous êtes en profonde connection, vous mettez votre message dans la "cassette mentale" de ces personnes et elles peuvent l'écouter lorsqu'elles le désirent. Pour ce qui est de la réception des messages, la plupart d'entre vous ne savent pas qu'ils ont le choix de les écouter, de les arrêter, de les répéter, de sélectionner les parties qu'ils ont envie d'entendre. Vous laissez toute la cassette défiler, ce qui crée un stress si les enregistrements ne sont pas tous bons.

Comment pouvez-vous apprendre à brancher cette cassette mentale et à l'écouter lorsque vous le désirez ? Lorsque vous pensez à une personne, vous branchez le magnétophone et vous permettez aux enregistrements de se faire. Vous avez la possibilité d'interrompre ces enregistrements à tout moment, soit en ne pensant plus à ces personnes soit en leur adressant des messages d'amour, parce que lorsque vous envoyez ces images, vous ne recevez plus leurs pensées et leurs sentiments. Si vous ne désirez pas entendre l'enregistrement d'un ami, il vous suffit de ne pas penser à cet ami. Vous pouvez arrêter de penser à quelqu'un en pensant à quelque chose d'agréable et de joyeux. Vous pouvez envoyer à vos amis des pensées élevées, pleines d'amour, des images de leur force et de leur beauté intérieure lorsqu'ils viennent à votre esprit, et ainsi, vous êtes moins affecté par leurs messages.

Il est rechargeant et agréable de changer vos habitudes de pensée et de faire l'expérience de nouvelles pensées plus élevées

Lorsque vous conduisez, pensant à vos responsabilités et à ce que vous allez faire durant votre journée, vous pouvez faire aussi un effort conscient pour penser à votre but plus élevé, votre voie et votre contribution au monde. Vous pouvez penser aux qualités que vous désirez vivre - l'amour inconditionnel, la paix intérieure, la sagesse. Il vous faut peut-être rester particulièrement conscient et habituer votre mental pour vous centrer sur ces pensées plutôt que sur vos pensées coutumières. Vous ne resterez peut-être que quelques secondes à ce niveau les premières fois, jusqu'à ce que votre mental prenne l'habitude de se baigner dans ces idéaux élevés et ces principes. En découvrant de plus en plus de sujets d'éveil, vous court-circuitez vos schémas habituels de pensée ainsi que les messages qui vous arrivent à ce niveau.

Vous pouvez utiliser la même technique pour couper ce magnétophone mental. Si vous ne désirez pas recevoir de messages en provenance de certaines personnes, alors ne vous connectez pas à elles. Trouvez des choses qui occupent votre mental en vous apportant joie et énergie; en faisant ainsi, soyez assuré que vous serez déconnecté de leurs communications.

Comment pouvez-vous n'écouter que la partie du message que vous désirez entendre? Prenons par exemple le cas où vous êtes déprimé lorsque vous pensez à un être en particulier. Vous avez un ressenti très lourd ou peut-être vous sentez-vous épuisé. Vous êtes peut-être désolé pour cette personne et vous aimeriez qu'elle reprenne sa vie en main. Votre relation avec elle est difficile et vous vous sentez déprimé rien qu'en pensant à elle.

Pour entendre uniquement la bonne partie de ses messages, faites l'effort conscient de rester centré lorsque vous pensez à elle. Quand vous pensez à quelqu'un, vous vous ouvrez à tous les messages possibles. Alors que si vous vous préparez avant de penser à elle, vous centrant sur votre propre énergie, vous sentant détendu, calme et confiant, vous pouvez ne prendre que les messages les plus chaleureux que son âme vous envoie. Si vous rayonnez votre propre calme, plutôt que de recevoir les problèmes des autres, vous ne prenez que la partie des communications qui vous intéresse. Dans le cas d'une personne qui vous épuise complètement, vous pouvez consciemment lui adresser des messages tels que : "Je te vois comme un être élevé et plein d'amour. Je veux parler avec toi d'âme à âme et ainsi seulement je suis ouvert à ce que tu me dis". Si vous n'aimez pas ce que vous recevez en retour, vous pouvez soit couper la réception, soit lui adresser votre bénédiction de guérison.

Pour envoyer cette bénédiction, ressentez votre amour et votre compassion pour les autres. Imaginez-les reprendre leur vie en main, de la manière la plus appropriée. Voyez la beauté et la grandeur de leur âme. Le fait d'envoyer des pensées de guérison et d'amour améliorera la qualité de vos messages télépathiques. Si, chaque fois que vous pensez à quelqu'un, vous lui envoyez une pensée d'amour et de soutien, vous trouverez une énorme différence dans les messages qui vous viennent en réponse.

Il existe des manières d'arrêter de penser à quelqu'un, si tel est votre désir

Centrez-vous consciemment sur des pensées agréables et joyeuses. Prenez le temps de vous construire quelques images joyeuses, quelques rêves et tenez-les prêts à agir chaque fois qu'une personne surgit dans votre esprit. Vous devez avoir l'intention d'arrêter les pensées de cette personne, ou alors elles reviendront. C'est une magnifique occasion de former votre mental.

174

Vous vous connectez télépathiquement de préférence avec les personnes auxquelles vous avez ouvert votre coeur. C'est un véritable défi que d'arrêter vos pensées lorsqu'un lien existe au niveau du coeur. Si vous ne voulez pas entendre sans cesse cette cassette qui vous est adressée, soyez conscient que chaque fois que vous vous autorisez à penser à quelqu'un, vous êtes ouvert pour recevoir tout ce qui vous a été envoyé. Vous êtes ouvert aussi à tous les sentiments que l'autre personne est en train de vivre. Si vous émettez des pensées d'amour, vous ne recevrez pas en vous l'énergie de l'autre personne.

Si vous voulez obtenir quelque chose d'une personne et que vous la poussez télépathiquement à vous la donner, vous repoussez cette personne. Et plus une personne se dégage de vous, plus vous devrez pousser ardemment pour obtenir ce que vous désirez. Si quelqu'un vous demande quelque chose que vous ne voulez pas donner, vous vous sentez forcé et votre réaction naturelle est de vous retirer. Si vous créez un espace en vous retirant et en vous concentrant sur votre vie et vos buts, vous verrez probablement que les autres personnes désirent être en contact avec vous. Si vous voulez quelque chose des autres, si vous voulez qu'ils pensent à vous, qu'ils soient avec vous ou qu'ils vous prêtent attention, vous devez leur ôter toute votre attention. Pour la plupart d'entre vous, vous faites le contraire - vous y pensez constamment; vous y portez toute votre attention et le résultat est à l'opposé de vos désirs. Ils sont bombardés par vos messages et votre énergie les environne sans cesse. Pourquoi chercheraient-ils votre compagnie alors que vous êtes toujours avec eux, sur leur cassette, chaque fois que leur mental se détend ?

Si vous voulez obtenir l'attention de quelqu'un, faites l'effort d'arrêter de penser à lui et occupez-vous de votre vie. Centrez-vous sur autre chose chaque fois que vous commencez à penser à cette personne ou émettez de la lumière et voyez cette personne disparaître de votre esprit. N'essayez pas de vérifier constamment pour voir si cela marche (Fait-il attention à vous maintenant ?); ceci suffit à envoyer votre énergie vers cette personne. Vous devez arriver à un tel point d'engagement dans votre vie personnelle et votre travail qu'il existe alors un véritable vide. Lorsque cette personne essaie de vous sentir, il n'y a rien. Elle sera alors attirée vers vous.

Vous pensez que, lorsque vous désirez une chose, il suffit de visualiser que quelqu'un vous la donne, et qu'ainsi vous la recevez. Généralement, c'est juste le contraire qui se produit, en créant des résistances.

Si vous désirez quelque chose de quelqu'un, visualisez-vous en train de donner cette même chose à une autre personne

Par exemple, si des personnes habitent chez vous et que vous désirez qu'elles vous aident dans les tâches ménagères, souvenez-vous d'un moment où, vous-même, vous avez proposé une aide de la sorte alors que vous résidiez chez quelqu'un. Si vous voulez que quelqu'un soit gentil avec vous, visualisez des moments de gentillesse que vous avez partagés avec différentes personnes.

Il existe une grande différence entre le fait de visualiser une personne en train de faire quelque chose pour vous et visualiser un moment de votre vie où vous avez fait cette chose pour quelqu'un d'autre. Imaginez que vous désirez quelque chose de quelqu'un et que vous le demandiez sans cesse, verbalement ou mentalement. La plupart des gens réagissent en prenant la fuite. Si, au lieu de cela, vous baignez votre mental d'images de moments où vous avez offert ces mêmes choses, alors chaque fois que cette personne pensera à vous, elle captera ces images dont vous vous entourez. En s'harmonisant avec ces images, elle pensera à faire ce que vous vous souvenez avoir fait pour d'autres.

Comment faire avec les personnes qui vous épuisent ? D'abord, soyez conscient qu'elles ne pourraient pas vous épuiser si vous ne le leur permettiez pas, d'une manière ou d'une autre. Vous pouvez dire : "Je ne veux pas qu'elles m'épuisent", mais, en même temps, vous leur permettez de le faire. Si vous n'indiquez pas vos limites et vos frontières, elles n'en marqueront aucune. Vous devez clairement énoncer : "Je ne serai pas épuisé par ces personnes, je n'accepte pas d'être responsable de leur vie", et ainsi vous ne serez plus épuisé. Si vous ne prenez pas la responsabilité de leur mieux-être, elles ne peuvent plus vous prendre de l'énergie. Cependant, vous pouvez toujours leur envoyer des pensées d'amour et de paix qui les aideront.

Vos baisses d'énergie ne proviennent pas tant des communications télépathiques que de vos propres croyances et de votre personnalité, ainsi que de vos décisions concernant les droits que vous vous accordez ou non vis-à-vis des autres. Vous pouvez repousser des personnes qui ont des demandes à vous formuler. Si, au lieu de cela, vous sentez que vous devez écouter leurs plaintes, rester en leur compagnie alors que vous n'en avez pas envie, vous continuerez à vous sentir épuisé par ces personnes. Vous pouvez dire : "Il n'y a aucun moyen de m'en détacher"; et pourtant il en existe, en commençant par affirmer votre droit *absolu* à vivre votre propre vie.

Le degré auquel vous vous sentez responsable du bonheur des autres est le degré auquel les autres peuvent vous attirer et vous épuiser. Ils ne peuvent utiliser que la culpabilité et la manipulation parce que vous le leur permettez en croyant que vous leur devez quelque chose. Si vous sentez que ces personnes sont responsables de leur propre vie, vous ne vous sentirez plus aussi mal à l'aise. Vous pouvez vous dire : "Elles seules peuvent se rendre puissantes, créer des impressions agréables et se donner quelque chose"; ainsi, vous ne vous sentirez plus épuisé lorsque vous communiquerez avec elles. Elles ne peuvent agir sur vous que lorsque vous le croyez vous aussi, et lorsque vous leur permettez de vous prendre quelque chose parce que vous pensez que vous ne méritez pas d'être tranquille.

Une femme me parlait à propos d'un de ses voisins qui demeurait coléreux et froid en dépit de l'amour et des bonnes pensées qu'elle lui envoyait. Elle se demandait ce qu'il convenait de faire de son énergie négative. Si vous envoyez sans cesse de l'amour aux autres, et qu'ils ne semblent répondre que par de l'énergie négative ou rien du tout, il est possible qu'ils ne désirent pas que vous leur envoyiez cette énergie et cet amour. Dans le cas présent, cette femme devait cesser d'envoyer son énergie vers son voisin. Ainsi, il se sentait libre de la rechercher. Il était si imprégné de cette énergie qu'il y résistait; c'était beaucoup plus d'amour qu'il ne pouvait en recevoir. En fait, elle arrêta de lui envoyer la moindre pensée, et en l'espace d'un mois, le voisin est venu de lui-même demander s'il pouvait lui rendre quelque service.

Que faire lorsque vous éprouvez de la peine en pensant à quelqu'un, et que vous êtes envahi par un noeud émotionnel tel que vous ne pouvez plus émettre de pensées d'amour ? Dans ce cas, la seule façon d'apaiser vos émotions est de "forcer le son" de votre mental. Vous pouvez prononcer des mots et des phrases élevés, même si vous ne croyez pas en eux. Vous n'arrêtez pas le "bruit" de cette douleur, mais vous augmentez le son de votre soi élevé. Ne jugez pas cette partie de vous-même qui est en peine comme étant mauvaise ou fausse, parce que cela augmenterait le pouvoir qu'elle a sur vous. Si cette partie vous dit : "Ca ne marche pas, tout va mal, cette personne m'a laissé tomber", alors répétez mentalement des phrases positives et élevées, sans arrêt. Même si vous ne pouvez pas vous centrer sur ces phrases et si votre mental va et vient continuellement, persistez. Le mental peut vraiment diriger les émotions.

Vous pouvez calmer vos émotions en répétant des mots inspirés et pleins d'amour

Vous avez reçu en cadeau la pensée pour vous aider à maîtriser votre soi inférieur. La pensée est un outil utile pour la transformation personnelle. Votre mental est un instrument merveilleux, capable d'amener la lumière de la sagesse là où règnent l'ignorance et la noirceur. Si vous vous sentez submergé par vos émotions, écrivez des affirmations telles que : "L'univers fonctionne en parfaite harmonie. Tout ce qui m'arrive est là pour mon bien. Je vois maintenant un univers de beauté et de perfection."

Pensez à ces choses; répétez-les. Baignez votre mental ainsi : "Les éléments sont positifs, ils travaillent en ma faveur, tout est ordre et harmonie". Plus vous baignez votre mental de pensées positives plus vous diminuez la puissance de vos émotions. Exprimez ces vérités spirituelles et ces principes de l'âme, tels que l'harmonie, l'équilibre et la paix. Si vous répétez ces mots élevés, leurs seules vibrations calmeront vos émotions. Cela demande discipline et pratique. Il n'y a pas de solution facile. Vous devez avoir la véritable intention de vous élever et les résultats suivront.

1) Centrez-vous sur les sensations que vous avez au réveil. Comment vous sentez-vous ? Que se passe-t-il dans votre mental à propos de cette journée ?

2) Qui avez-vous rencontré aujourd'hui ? Votre énergie a-t-elle changé avant, pendant ou après ces rencontres ? Pouvez-vous trouver des moments durant lesquels vous avez pris l'énergie de ces personnes ? Faites une liste des personnes rencontrées et de vos ressentis à leur égard.

Personne rencontrée: Ce que j'ai ressenti:

3) Prenez n'importe quel ressenti ou pensée que vous n'avez pas aimé lors de ces rencontres et imaginez que vous faites disparaître ces ressentis ou pensées dans de la lumière. Respirez profondément et sentez que vous retrouvez votre équilibre et votre centre.

16

RECEVOIR LA GUIDANCE DES ROYAUMES SUPERIEURS

Vous pouvez apprendre à recevoir les guidances des royaumes supérieurs de l'univers. A l'instar des communications télépathiques, il existe de multiples communications plus élevées auxquelles vous pouvez vous connecter. Les plus hauts niveaux de guidance et d'information sont toujours disponibles. Tout comme vous ne pouvez pas voir ni toucher les ondes radio, vous ne pouvez pas voir ni toucher ces émissions - à moins que vous n'ayez le désir et l'intention de le faire.

En quoi consistent ces émissions ? Il y a différents niveaux d'information; certains relèvent de la science, d'autres des affaires, des enseignements de tous ordres, des visions de paix. Toutes les connaissances actuelles et celles à venir sont à votre portée si vous vous mettez en harmonie avec ces niveaux. On les appelle le mental universel; ils représentent l'ensemble des énergies vitales qui existent hors du temps et de l'espace. De nombreux scientifiques se sont connectés à ces niveaux pour leurs inventions. De nombreuses découvertes, des idées et des concepts sont issus d'une harmonisation avec cette fréquence. Vous pouvez recevoir des informations utiles pour vos affaires, pour accroître votre créativité ou pour vous aider à devenir prospère. Ceux d'entre vous qui visualisent la paix sur cette Planète et qui s'efforcent d'établir la paix dans leur vie peuvent puiser dans les pensées de paix disponibles pour cela.

La guérison est disponible tout le temps. Son essence est l'amour, la compassion et la paix. Lorsque vous avez besoin d'aide, de guidance ou d'amour, vous pouvez vous connecter sur ces émissions qui sont sans cesse disponibles pour élever votre énergie et guérir tout ce qui demande de l'amour. Les guérisseurs et tous ceux qui ont des professions d'aide et de conseil, reçoivent souvent des émissions de ce niveau dans leur travail; chacun peut s'y connecter. En vous harmonisant avec cette fréquence, vous ressentez alors que vous savez ce qu'il faut faire ou dire avec la certitude venant d'un niveau qui dépasse votre connaissance consciente.

La véritable guérison implique amour et compassion pour vous-même comme pour les autres

Si vous utilisez vos mains pour masser, si vous captez des informations ou de l'énergie de guérison, si vous aidez les autres par votre voix, votre pensée ou vos mots, vous êtes en contact avec cette émission. Tous ceux d'entre vous qui aident les autres, de quelque manière que ce soit, dans le travail, la vie familiale, amicalement, sont accordés sur cette émission de guérison et d'amour. Lorsque vous servez les autres, vous recevez cette émission et vous rayonnez ces qualités de guérison. En restant connecté à ces niveaux de guérison, vous augmentez votre amour pour vous-même aussi sûrement que vous augmentez votre capacité à guérir.

Des guidances en provenance des Maîtres élevés et d'enseignants spirituels, présents sur cette Terre ou dans d'autres royaumes, sont aussi disponibles. Beaucoup d'âmes évoluées, qui ne sont plus incarnées, et qui sont sources de paix et d'amour, sont disponibles pour des guidances personnelles. Vous pouvez les appeler des guides, car ils sont là pour aider à garder cette vision élevée de l'humanité et pour répondre aux personnes qui les appellent. Vous avez tous un guide, que vous en soyez conscient ou non. Votre guide peut vous envoyer des informations de différentes manières. Toutes les réponses que vous cherchez, toutes les informations que vous désirez, sont disponibles, toujours. Vous recevez sans cesse des informations. Les guides veulent vous aider à atteindre les plans les plus élevés du savoir et de l'expérience, à découvrir votre propre sagesse et la guidance éternelle de votre âme. Ils ne vous feront éviter aucune leçon mais ils vous aideront dans ce que vous devez apprendre afin que vous puissiez traverser ces leçons d'évolution plus rapidement. Lorsque vous le leur demandez, ils peuvent vous donner une vision élargie de toute situation, vous présentant un point de vue qui vous permette de comprendre ce qui arrive afin d'agir d'une manière plus compatissante et pleine d'amour. Lorsque vous voyez toute situation d'une perspective plus sage et plus ouverte, il est possible d'abandonner la douleur et de vous comporter comme une personne chaleureuse et débordante d'amour.

Pour recevoir des guidances,
vous devez seulement demander
et ensuite écouter

Vous pouvez contacter tous les niveaux de guidance et d'informations si vous avez la volonté et l'intention de le faire. En quoi consistent cette volonté et cette intention ? Vous pouvez voir votre volonté comme une partie de vous-même disant : "Je m'efforcerai de faire ceci ou cela". L'utilisation juste de la volonté consiste à faire quelque chose que vous aimez faire, sans avoir à vous pousser ou à vous obliger. Vous connaissez les résultats de ce que vous faites avec amour ou forcé et contraint. Vous ne faites rien de bien lorsque vous vous forcez ou que vous êtes indécis.

La volonté est un clair rayon projeté vers quelque chose que vous aimez. Plus ce rayon est exempt de peur, de doute et de résistance, plus il ressemble à un laser pointé dans la direction où vous désirez aller, plus cette volonté aura la capacité de vous satisfaire.

Certains disent qu'ils veulent telle ou telle chose, qu'ils y pensent souvent et se demandent pourquoi ils ne la reçoivent pas. Plus vous avez l'incertitude d'obtenir ce que vous voulez, plus vous mettrez de temps à l'obtenir. Lorsque vous êtes clair et bien centré sur votre volonté, vous attirez à vous ce que vous désirez. Imaginez que la volonté, quand elle désire quelque chose, va dans l'univers pour trouver cette chose et ensuite magnétise votre corps pour que vous l'attiriez. La volonté peut vous obtenir tout ce que vous voulez, même les messages télépathiques et les contacts avec des domaines élevés de l'univers. Ceux d'entre vous qui sont guérisseurs, enseignants, conseillers, ont à leur disposition beaucoup de motivations, d'intentions et de désirs pour rendre les guérisons possibles. Le don de guérison peut être quelque chose que vous choisissez consciemment ou quelque chose qui vous "tombe dessus", mais pour acquérir l'expérience et la qualité vous devez concentrer beaucoup d'intention et de volonté. La volonté est l'antenne qui vous branche sur la bonne station. Il n'y a pas de formule magique pour devenir médium, ou pour guérir avec les mains, la pensée ou les mots. Vous désirez devenir quelqu'un - écrivain, acteur, athlète, médium, homme d'affaire brillant - vous n'avez besoin que de votre volonté et de votre intention, portées par l'action, pour y parvenir. Les émissions des plus hauts niveaux qui vous guident sur le chemin le plus élevé sont toujours disponibles à ceux que le désirent et le demandent. Votre volonté d'être quelqu'un ou de faire quelque chose commence par la connexion automatique à l'émission appropriée. Beaucoup d'entre vous aimeraient aider les autres de façon plus directe. Beaucoup d'entre vous ont des métiers qui ne leur semblent pas en accord avec leur destinée de vie. Vous vous demandez peut-être si vous ne devriez pas faire autre chose, si vous n'avez pas une mission à accomplir, même si vous ne savez pas de quoi il s'agit. Le fait que vous pensiez à tout cela est une indication que vous êtes guérisseur et que vous êtes venu ici pour faire vraiment de la guérison. La coïncidence et la chance n'existent pas dans ce domaine. Si vous voulez savoir ce pourquoi vous êtes venu ici, et si vous désirez entreprendre le chemin du service et de la guérison, la première chose à faire est de vous décider à suivre ce chemin. Commencez là où vous êtes - servez et aidez les personnes de votre entourage.

Si vous voulez contacter votre guide spirituel, par exemple, tout ce que vous avez à faire est de décider que vous allez le faire, et ensuite demandez à l'univers de vous guider vers cette expérience. Cela vous arrivera si vous y mettez votre volonté, votre intention et votre détermination. Le degré de certitude auquel vous êtes concernant la rencontre avec votre guide, détermine la promptitude de son apparition dans votre vie. Vous pouvez être conduit vers certains livres, vers certaines personnes, et ainsi de suite, qui vous montreront le chemin.

Comment vous centrer sur votre volonté ? La première chose à faire consiste à rappeler à votre mémoire un but et sa réalisation. En pensant à cette expérience passée, vous attirez cette énergie dans votre réalité présente. Rappelez-vous un moment où vous vouliez vraiment quelque chose, et où vous l'avez obtenu. Par exemple, vous désiriez avoir une nouvelle voiture. Vous êtes allé chez le concessionnaire pour voir des voitures de cette marque, afin de les toucher, les conduire; vous y pensiez, lisiez des articles et faisiez des économies en vue de l'achat. Regardez avec quel engagement vous avez fait cela; ceci vous éclaire sur ce qu'il faut faire pour obtenir ce que vous désirez maintenant.

Vous avez peut-être mis un temps assez long avant d'obtenir certaines des choses que vous désiriez. En regardant en arrière, vous pouvez comprendre que vous n'avez peut-être pas toujours mis ce même degré intense de concentration pour obtenir ces choses, ou que vous y pensiez de façon épisodique. Vous pensiez peut-être à elles sans vraiment croire que vous pourriez les avoir.

Le mental véhicule 40 000 à 50 000 pensées par jour. Lorsque 1 000 à 2 000 de ces pensées sont dirigées chaque jour vers un certain but, celui-ci est atteint rapidement

Vous ne pensez à quelque chose qu'une, deux ou trois fois par jour et vous vous étonnez de ne pas l'obtenir immédiatement. Les pensées sont de l'énergie. Plus vous pensez à quelque chose, plus vous dirigez d'énergie de votre monde intérieur vers le monde extérieur afin de le créer.

Le nombre de pensées ainsi que la croyance ou l'intensité de l'énergie émotionnelle que vous portez dans une réalisation déterminent la vitesse de sa création. La croyance émotionnelle que vous avez d'obtenir une chose est très importante. Les émotions propulsent les pensées dans la réalité grâce à l'intensité de votre croyance. Moins vous doutez de recevoir quelque chose, plus vite vous l'obtenez. Imaginez une boîte qui représente ce que vous désirez. Plus souvent vous pensez à cette boîte, plus vite elle se remplit, et lorsque la masse critique est atteinte, la boîte devient réalité. Si vous pensez sans cesse à quelque chose, à un certain moment, cela se manifestera; le temps d'attente est déterminé par la force de votre croyance en sa réalisation. Cela ne s'applique pas à quelque chose que vous voulez obtenir d'une autre personne, car vous n'avez le contrôle que sur votre réalité. Vouloir obtenir quelque chose d'une personne contre son gré risque de vous écarter de cette personne.

Plus vous croyez que vous allez obtenir quelque chose, en vous en réjouissant, en le visualisant dans votre mental, dans la joie, le bonheur et l'anticipation, plus vite cela viendra. Mais n'oubliez pas que le doute et la peur créent aussi ce sur quoi ils sont centrés, car vous y pensez aussi sans cesse. Si vous craignez quelque chose, si vous redoutez que cette chose ne vous arrive et qu'elle remplisse la boîte libellée "Je ne veux pas que cela arrive", soyez assuré que cette boîte se remplira et deviendra une réalité.

Si vous voulez centrer votre volonté plus clairement, regardez vos doutes, les petites voix qui disent : "Je ne peux pas avoir cela". Vous avez donc deux boîtes - une boîte libellée "Je peux", remplie de pensées positives et de joyeuses émotions, et une boîte libellée "Je ne peux pas", remplie de peurs et de pensées négatives. Si de nombreuses pensées positives sont contrebalancées par autant de pensées négatives, vous ne créez rien. Votre désir d'obtenir doit être plus grand que votre peur de ne pas l'obtenir. Chaque fois que vous craignez quelque chose, vous donnez de l'énergie à cette chose. Ne donnez pas tort à ces pensées de peur, mais chaque fois que vous en prenez conscience, ajoutez-y des pensées positives.

Après vous être bien assuré que vous désirez recevoir des guidances, que vous en avez la ferme intention, que vous êtes positif et stimulé pour cela, vous recevrez ces guidances. La réception de ces émissions a lieu hors du mental et intervient comme un éclair. Le temps que votre mental devienne conscient de l'idée, déjà l'information est parvenue dans vos centres supérieurs; vous l'avez déjà reçue.

*Si vous vous élevez
et vous centrez sur ces royaumes élevés,
aussi sûrement que vous respirez,
vous recevrez toutes les aides
et les informations dont vous avez besoin*

Ces royaumes supérieurs se révèlent sous forme de vision intérieure. Vous avez tous fait cette expérience de la connaissance intérieure, ce sixième sens, ce sentiment particulier qui fait pressentir un événement - qui a réellement lieu. Vous pouvez avoir conscience, par exemple, que la personne avec qui vous vous trouvez n'est pas bien. Quelquefois vous regardez une personne et vous connaissez aussitôt quelque chose d'elle que vous ne pourriez deviner par aucune autre voie que cet éclaircissement soudain.

Sans cesse, ces éclaircissements, ces révélations et ces nouvelles pensées à propos de votre vie surviennent en vous. Des messages télépathiques sont reçus instantanément, et vous n'avez aucune conscience de leur réception. Je ne peux pas vous dire comment devenir conscient de vos réceptions télépathiques de ces guidances élevées, car elles arrivent hors de votre conscience. Vous en prenez d'abord conscience par vos pensées et votre vision intérieure. Soudain, vous avez une manière nouvelle de faire face à un problème, ou bien il se produit un changement dans votre conscience, et c'est bien souvent la première indication que vous avez reçu un message. Lorsque cette guidance arrive à votre soi émotionnel, vous réalisez que les situations n'appellent plus les mêmes réponses émotionnelles qu'auparavant. En portant cette communication au niveau du coeur, vous vous ouvrez et vous pouvez vous ressentir débordant d'amour et de grâce, comme jamais. Vous commencez à communiquer vos idées aux autres d'une manière nouvelle et différente. En portant cette communication au niveau du corps, celui-ci se transforme ainsi que la conscience que vous en avez.

L'information est toujours là; le seul obstacle, c'est votre manque de volonté et d'intention pour recevoir ces émissions. Si vous désirez recevoir plus de connaissance, vous devez seulement prendre cette *décision* et vous y centrer. Lorsque vous prenez conscience que vous pensez à des choses superficielles et futiles, utilisez ce temps pour vous élever et penser aux sujets dont vous désirez recevoir plus d'information. Ensuite, restez en silence et soyez prêt à recevoir le message. Vous trouverez alors quelques détails supplémentaires d'information ou des éclaircissements dans l'heure qui suit. Vous pouvez facilement recevoir du mental universel; vous devez seulement le désirer. Les informations peuvent vous venir au travers d'un ami ou d'un livre; vous pouvez en entendre parler ou les voir. Elles peuvent vous venir sous forme de nouvelles pensées. Vous pouvez orienter cela de la meilleure manière en demeurant silencieux, en vous détendant et en calmant votre mental. Il est important de reconnaître que vous *avez reçu*. En connectant cela avec votre volonté et votre intention, vous renforcez votre croyance dans votre capacité de créer.

Vous êtes des individus indépendants; vous déterminez votre vie et votre destinée par votre volonté et votre intention. Plus vous êtes conscient de la connexion qui existe entre ce que vous désirez et les résultats que vous obtenez, plus votre capacité à créer ce que vous désirez augmentera. Lorsque vous avez une nouvelle idée ou une nouvelle pensée, reconnaissez-la et restez ouvert pour recevoir davantage.

Ecrivez vos buts pour les réaliser plus vite

Vous désirez, par exemple, avoir plus de connaissances, plus d'occasions de rendre service ou devenir un canal psychique, un médium. Vous voulez faire une bonne affaire ou avoir un nouveau métier. Ecrivez vos intentions et faites-en un message clair que vous adressez à l'univers : "Je veux écrire un livre", ou "Je veux découvrir mes capacités psychiques, mes dons de guérison, je veux qu'il en soit ainsi". Plus vous êtes clair dans ce que vous voulez obtenir, plus vite vous l'obtiendrez. Vous commencerez à attirer de plus en plus de guidances et d'informations.

Une autre manière consiste à formuler que vous voulez recevoir des éclaircissements sur votre travail. Ayez le désir de prendre conscience de ces nouveaux éclaircissements et ensuite, laissez faire. Observez les nouvelles pensées qui arrivent au cours de la journée, ou même dans l'heure qui suit, pour expérimenter de recevoir en provenance de niveaux plus élevés.

De nombreuses personnes me demandent : "Comment puis-je faire la différence entre mes pensées et les pensées plus élevées de l'univers ?" Vous pensez : "Est-ce une révélation, une inspiration ou bien est-ce une sage pensée mon mental ?"Il n'y a pas de différence. La réception télépathique des niveaux les plus élevés de la connaissance est au-delà de votre niveau de prise de conscience. Vous n'en devenez conscient que lorsqu'elle atteint votre processus mental. Quelques personnes en sont conscientes un peu avant, par exemple lorsque vous soignez quelqu'un et que vous sentez l'énergie. Il existe d'autres manières d'en devenir conscient mais cela demeure au-delà du domaine du savoir. Aussi vous demandez : "Comment les reconnaîtrai-je ? Comment puis-je mieux recevoir ?". Si vous voulez mieux recevoir, si c'est votre désir véritable, alors vous recevrez mieux. Si vous voulez devenir plus conscient de la réception de vos guidances, cela se produira.

Chaque fois qu'une pensée semble sortir de l'habitude - par exemple, vous marchez tranquillement dans la rue et soudain vous vient une nouvelle idée - vous recevez alors une information d'un domaine plus élevé. Certains d'entre vous s'attendent à entendre une voix venue du ciel; ce n'est généralement pas ce type d'expérience. Cela semble plutôt provenir de votre propre mental ou de votre imagination. Le temps que vous preniez conscience de l'information, celle-ci fait déjà partie de votre monde de la forme, que sont votre corps et vos pensées. Ces idées semblent être vos propres pensées, mais elles détiennent une qualité plus élevée. Elles sont de nature différente; elles apportent une nouvelle manière de voir certaines choses, elles apportent plus d'amour dans la perception des choses. Lorsque vous avez une nouvelle pensée, c'est un signe que vous êtes en contact avec un niveau élevé de guidance. Plus vous le validez, plus vous reconnaissez que vous recevez un message télépathique, et plus vous en recevrez d'autres. Vous découvrirez alors qu'il vous sera de plus en plus ennuyeux de penser à vos anciens niveaux; vous serez vite fatigué de ressasser les mêmes problèmes dans votre tête alors qu'il est si satisfaisant de recevoir ces inspirations et ces éclaircissements. L'ennui est une voie de l'âme pour vous pousser dans de nouveaux espaces.

Si vous voulez recevoir des guidances plus directes,
et peut-être même contacter votre propre guide,
commencez par vous asseoir tranquillement

Vous vivez de nombreux états altérés de la conscience au long d'une journée. Lorsque vous êtes complètement pris par la lecture d'un bon livre, lorsque vous regardez la télévision, lorsque vous êtes transporté par la beauté d'une musique, lorsque vous rêvassez, que vous peignez ou jouez d'un instrument de musique, vous êtes dans un état altéré de la conscience. Ces états sont liés au cerveau droit, votre nature créative, et ce sont eux qui contribuent au mieux à recevoir ces guidances élevées. La guidance est reçue par le côté droit, ou créatif, du cerveau; elle est ensuite traduite par le côté gauche, celui de la mémoire et de la logique, en une information concrète. Lorsque vous êtes au repos, vous êtes dans les meilleures conditions de réceptivité.

Votre défi du moment consiste à arrêter ces pensées superficielles et inutiles pour centrer votre attention vers l'élévation. Lorsque vous pensez à d'autres personnes dans cet état de calme réceptif, vous pouvez recevoir leurs énergies mentales ou émotionnelles. Si elles sont déprimées ou si elles éprouvent de la peine, vous pouvez abaisser votre propre énergie seulement en pensant à elles. Lorsque vous recevez des communications télépathiques des niveaux plus élevés de l'univers, vous vous élevez vers votre soi supérieur. Débordant de plus en plus d'amour et de lumière, vous pouvez élever l'énergie des autres personnes. Elles peuvent ne pas s'élever très haut (certaines le peuvent pourtant) mais vous pouvez monter le taux vibratoire de toutes les personnes vers qui vous portez votre conscience élevée.

En vous asseyant tranquillement, demandez une guidance; ensuite, soyez prêt à attendre. Voyez ce qui se passe dans votre corps. Vous pouvez sentir comme des picotements en vous centrant vers ces espaces élevés. Demandez une guidance en formulant clairement votre question. Evitez que les pensées parasites ne viennent perturber votre attention. Si vous pouvez vous centrer, ne serait-ce que cinq minutes, sur le sujet de la guidance, vous recevrez une nouvelle manière de penser, une vision plus élevée, assez rapidement. Votre appel est toujours entendu; le seul problème vient de la qualité de votre écoute.

Comment pouvez-vous envoyer la guérison aux autres ? Vous pouvez les toucher, leur parler, leur écrire ou transmettre votre savoir. Lorsque vous avez l'intention de rentrer en contact avec les autres au niveau de vos centres supérieurs, vos mots, vos écrits et vos touchers proviennent de cet espace élevé. Vous pouvez dire : «Comment puis-je savoir si j'utilise le mot juste, si je touche le corps comme il faut pour la guérison ? « Si votre intention est la guérison, alors les mots ou les contacts seront toujours adaptés aux besoins de la personne. Il n'y a pas d'erreur à ce niveau. Seuls votre mental et votre personnalité peuvent créer le jugement et l'erreur. Si vous avez l'intention de guérir, quelque soit le procédé utilisé, quelle que soit la forme ou la technique, vous guérirez. L'autre personne doit aussi désirer cette guérison, car si elle n'est pas prête, rien de ce que vous appliquerez ne marchera.

Toutefois, si vous êtes en colère ou si vous en voulez à quelqu'un, alors votre intention n'est évidemment pas la guérison. Si vous essayez d'utiliser des mots gentils pour couvrir votre colère, vous n'êtes pas dans un processus de guérison. Il n'y a pas de mensonge possible à ce niveau. Si vous avez en vous cette intention de guérir, alors, partout où vous irez, vous aurez une influence bénéfique, même si vous ne le faites pas de manière consciente.

Il n'en tient qu'à vous de créer la forme spécifique de votre travail

Les guidances disponibles sont illimitées, dans toutes les formes et dans tous les domaines choisis, que ce soit les affaires, la guérison, l'art, les sciences, l'éducation ou autre chose. La volonté de faire quelque chose attire à vous les informations nécessaires et les guidances dont vous avez besoin dans ce domaine particulier. La principale fonction des centres les plus élevés de la télépathie est de vous connecter à vos buts les plus élevés, de vous aider à découvrir le sens de votre incarnation et de vous donner les informations nécessaires pour accomplir cela. En travaillant à ce niveau élevé, vous agrandirez votre capacité à être une présence d'amour parmi votre entourage et à voir avec votre vision intérieure. L'intention de le faire suffit à vous connecter aux royaumes les plus élevés de la guidance.

1) Pensez à cinq choses - décisions, problèmes, choix - pour lesquelles vous avez demandé et reçu une guidance durant l'année passée.

2) Pensez à un sujet sur lequel vous aimeriez recevoir une guidance maintenant. Asseyez-vous tranquillement, demandez cette guidance et notez si de nouvelles pensées surgissent. Ecrivez-les ici.

Sanaya Roman est le médium d'Orin. Pour transcrire son enseignement, trois livres sont publiés dans la collection :

"LA SAGESSE D'ORIN"

- Choisir la Joie
- Choisir la Conscience
- Choisir l'Eveil *(avril 91)*

Elle a écrit aussi deux autres livres, avec la collaboration de Duane Packer, édités aux Editions Soleil (Suisse) :

- Manuel de Communication Spirituelle

- Créer l'Abondance

Ronan Denniel et Anne-Marie de Vinci animent des stages de Psychologie Spirituelle : "Choisir La Lumière". Demandez la documentation en écrivant chez l'éditeur.

AUTRES OUVRAGES CHEZ

PARUS

- **Renaître**, ou les secrets de la purification
par l'air, l'eau, la lumière et les sons
- **La Respiration Consciente**
de Leonard ORR, fondateur du Rebirthing
- **L'Amour Qui Guérit**
de Bruce & Genny DAVIS
- **Le Livre Orange**
de OSHO Rajneesh
- **Cristal & Santé**
de John REA

A PARAÎTRE EN 1990/1991

- **Tantra, Suprême Sagesse**
de OSHO
- **Au-delà des Frontières du Mental**
de OSHO
- **Choisir L'Eveil**
de Sanaya ROMAN

Vous pouvez commander ces livres directement chez :
Ronan Denniel éditeur BP 10   77780   Bourron-Marlotte
Ajoutez 12F de frais de port pour le premier livre et 5F par livre supplémentaire
ou chez votre libraire habituel.

Choisir La Joie Sanaya Roman   87 F

Ce livre s'adresse à tous ceux qui désirent une vie plus vraie, plus authentique.

Notre réalité est le reflet de la vision que nous avons du monde. Les exercices proposés dans ce livre vous aideront à transformer cette réalité.

Avec humour et bon sens, vous découvrirez comment être plus confiant, plus responsable et plus libre.

Vous connaîtrez l'art de vivre dans la joie.

Re-Naître ou les secrets de la purification par l'air, l'eau, la lumière et les sons   47 F

Ce livre est le fruit d'une transcription d'enseignements reçus sous forme de messages par des praticiens de la technique de respiration et de pensée positive appelée Rebirthing.

Kevin Ryerson, le célèbre médium de Shirley Mac Laine, vous parle des chakras et de l'immortalité.

Un livre inspiré… Un livre pour bien respirer.

Le Livre Orange Osho Rajneesh 77 F

"La méditation n'est pas un voyage dans l'espace ou dans le temps mais l'éveil à l'instant présent."

Uniques dans leur originalité et leur simplicité, ces méditations reflètent la connaissance d'Osho et sa vision de la nature profonde de l'être humain.

Ce livre offre une synthèse entre l'approche orientale de la méditation et les techniques de la psychologie moderne.

Cristal et Santé   John D. Rea   149 F

Ce livre s'adresse à tous ceux qui désirent connaître et explorer l'univers du cristal. Il développe en profondeur chacune de ses applications autour de la santé holistique, du développement personnel et de l'éveil spirituel.

Ainsi, vous apprendrez l'art d'harmoniser votre aura, le lieu où vous vivez, votre vie amoureuse, vos relations et vous pourrez intégrer le cristal dans vos techniques habituelles: massages, acupuncture, visualisation, exploration des vies antérieures, méditation...

La Respiration Consciente L.Orr 57 F

Léonard Orr, créateur du Rebirthing, expose dans ce livre les bases et l'évolution actuelle de cette technique.

A l'origine écrit pour des enseignants, ce livre apporte à ses lecteurs des informations utiles et précises. Celles-ci sont immédiatement applicables, et les résultats ne se font pas attendre.

Une meilleure respiration, c'est une vie plus agréable, plus riche, plus dynamique, une vie meilleure.

L'Amour Qui Guérit B&G Davis 84 F

Ce récit emporte le lecteur à travers un véritable voyage initiatique moderne.

Bruce Davis raconte une période essentielle de sa vie: c'est d'abord la rencontre avec la femme de ses rêves, Genny; c'est aussi l'initiation de ce couple à la sagesse des chamans esquimaux; c'est enfin l'exploration des fabuleux pouvoirs des guérisseurs philippins et, à travers eux, la découverte de cet amour qui guérit.

Distribution auprès des Libraires :

France et Belgique : Dervy Livres
Canada : Distributions Nouvel-Age
Suisse : Transat SA

Achevé d'imprimer
sur les presses de
l'imprimerie BARREAU
215, rue Saint-Maur, Paris 10ᵉ

Dépôt légal n° 149